姚莉

YaoLee

永遠綻放的玫瑰

馬來西亞知名音樂創作人、姚莉徒弟
楊偉漢／著

[作者簡介] **楊偉漢**

- 馬來西亞工藝大學環境繪測系學士畢業。
- 早在大學時期就活躍於音樂創作。當年為了籌集學費，參加了歌唱比賽，榮獲無數次冠軍。
- 畢業後一年，1997年正式踏入樂壇，推出過數張唱片。
- 憑其創作才華，在各大音樂頒獎典禮榮獲大獎；
  娛協獎：新人獎、十大金曲、傳媒推薦大獎。
- 中文AIM：年度金曲及最佳編曲。
- 連續多年連任馬來西亞十大歌星。
- 1999年開始，唱而優則演，從流行樂壇慢慢轉向音樂劇的大舞臺。主演了數部音樂劇：「釋迦牟尼佛傳」、「天心月圓」、「雪域上的光芒」等。
- 2003年，開始自製唱片。憑藉「鉛華錄：姚敏作品集Ⅰ」與姚莉結下師徒之緣，成為姚莉公認的徒弟。相繼製作了數張唱片：「幸福醒了」、「XKY信凱」、「鉛華錄：姚敏作品集Ⅱ」及「玄奘西遊——音樂劇原聲帶」。
- 2012年，成立「漢製作」，開始創作的另一個里程碑。一手包辦了製作、導演、編劇、音樂創作、舞臺設計、動畫設計、混音等工作。
- 2013年「姚莉音樂劇」正式公演十場。此劇也榮獲第十屆 The Boh Cameronian Arts Awards 的三個大獎：最佳舞臺設計、燈光及音樂。
- 2013年，漢製作為慈善承辦了五場「楊偉漢鉛華錄II——姚敏作品集演唱會」。
- 2014年，完成大型音樂劇「玄奘西遊音樂劇」。
- 2015年，漢製作將會推出兩張音樂劇原聲帶：「玄奘西遊音樂劇」及「姚莉音樂劇」。

註：封面書名之「姚莉」字體，為書法家劉慶倫所寫。

目錄

我清楚記得第一次與這位才華橫溢的歌手、創作人、製作人及導演楊偉漢的印象。

那是二〇〇九年，在馬來西亞文化宮上演的〈釋迦牟尼〉音樂劇，他飾演主角悉達多太子，即佛陀的角色。偉漢精湛的演出和出色的演唱，深深地吸引了我和所有觀眾。當下我承諾要支持和協助這位難得的人才。

二〇一二年，他邀請我擔任《姚莉：永遠綻放的玫瑰》一書及〈姚莉音樂劇〉的顧問。我義不容辭，更把所懂的都與他分享。看著他把這兩個項目都做得如此成功，我深感欣慰，果然沒有看錯。

他與姚莉的緣分很深，當年已經九十一歲並退休已久的姚莉，為了偉漢為她製作的音樂劇，千里迢迢來到吉隆坡，一連住了兩個星期。姚莉幾乎每晚都在現場支持偉漢。看著這兩位，一老一少的感情，很讓人感動。偉漢懂得孝親敬老，是個難得的年青人。

如今，這本《姚莉：永遠綻放的玫瑰》即將透過台灣的商周出版的勢力發行到其他國家，我感到非常喜悅。這是一本充滿感動、真情、真實的好書。是姚莉姐信任的徒弟親自執筆的一本自傳。

也是姚莉姐的福報。

顧問：拿汀斯里馬明月
Founder & President of PRIME College, Malaysia
Author: Straits Chinese Porcelain and Peranakan Chinese Porcelain
Member of the Board of Trustees for Her Royal Highness Tuanku Najhah Foundation

回顧我這一生，苦辣酸甜各種滋味摻雜；現在看起來就好像是一次精彩萬分的旅程。該高興的時候開心，該痛苦的時候傷心，人生不外如此。如意或不如意，時間一過，雲淡風輕。

我這一生都在感恩、惜福和愛的當下渡過。從二十一歲開始，就隨我未來的家公信奉了基督教。自此後，七十多年來，我每個星期都會上教堂做禮拜，風雨不改，不曾間斷。就算在最痛苦的時刻，我對自己的信仰從未懷疑過。

小時候，我和哥哥姐姐就經歷家道中落，家破人亡，顛沛流離的生活。那個時候我年紀還小，但已經懂得什麼是苦；或許窮人家的孩子真的比較早熟。祖母和姑姐無私的奉獻讓我們兄妹感受愛的力量，現在想起來，她們就像天使一般庇護著我們兄妹幾人。

我和哥哥姐姐也很懂得苦中作樂，在那個戰火密佈的時代，我們的童年依舊有歡笑，這是何等難能可貴。我們沒有漂亮的玩具，可是為了一粒糖果，我們會開心一整天。現今的人或許無法理解，一粒糖果有什麼了不起，但是如果您懂得惜福之心，一粒糖果帶來的甜蜜滋味就真的會很了不起。

我身邊總會有很多貴人出現；在我生命的大道上，每到一處關卡，就會有人在那裡等我，扶我一把，讓我朝正確的方向行去。這些人都像天使。這一生愛戴我的人太多、太多，我非常感恩。在每一次的禱告中，祈求主保佑他們。

在追求信仰的路上，我領悟到愛的力量不是源自於他人的施捨，而是你願意付出多少；給人愛，比接收愛來得更重要。

我和這一本書的作者楊偉漢，有一個非常奇妙的緣份。他是馬來西亞的一位創作歌手。記得在二〇〇三年，他為我哥哥姚敏做了一張紀念專輯，之後我們就相識了。這個緣份一直延續到今天。我們從第一次見面開始，就無所不聊，好像認識了很久一樣；後來他還拜我為老師。

我一直都很信任他，把心裡的話都告訴他。後來有一天他忽然告訴我，應該將我的一生寫成書，讓更多人可以分享。其實這麼多年來，陸陸續續都有一些人說要為我寫自傳，可是因緣不具足。偉漢自告奮勇，要在馬來西亞找人幫我寫；我以為他只是說說而已，因為這不是一件很容易的事情。沒想到隔年，他就真的帶了一位作者和一大堆攝影器材到香港來找我。

那時候碰巧是禽流感流行的敏感時期；第一天約見面，就發生了一件大事。我突然覺得腳痛，嚴重得站不起來。我丈夫在一旁急得不知所措，後來偉漢二話不說就把我背了起來，到外頭攔了一輛計程車。本來他們想要直接送我到醫院，但是我堅持要先回家。回到家之後，偉漢又把我背上二樓。在家裡休息了一陣子，發現情況不見好轉。丈夫覺得不能再等了，明天一定得上醫院。

第二天一早，偉漢和朋友又到我家把我送到醫院去。結果醫生説我必須開刀動手術，我感到很難過，也覺得很對不起這兩個人，他們千里迢迢從馬來西亞來採訪我，結果卻成了醫院探訪記。接下的幾年，家裡發生了很多事，最後連至愛的丈夫也因病走了。我感到很難過，偉漢也特地到香港陪我幾天。我心裡感到很安慰。

過了幾個月，偉漢帶來了一篇有關於我的自傳的稿件給我。寫的是我的童年；我讀了之後，就看著他，問了他一句：「為什麼你不嘗試自己寫呢？」

偉漢瞪著大眼睛看著我，不出聲。是的，我覺得知道我最多故事的人是他，直覺告訴我應該由他來寫。我記得過了不久他才開口說：「我只會寫歌詞，沒寫過書。」

我鼓勵他，要他試試看。他聽了之後，不作聲，打開他的手提電腦，一坐就是一整天。到了晚上，偉漢突然告訴我，他把我童年的故事前半段寫好了。

他坐在我身旁一字一字的念給我聽，我的眼淚不知不覺地掉了下來；太真實了，他的文字把我帶回上海的那一段往事……

從那一天起，我的自傳就由偉漢一手負責撰寫了。這是我和他之間的一種交流，外人很難明白，只能説心有靈犀一點通。

我知道寫書不是很容易的事，後來發現偉漢壓力很大，有幾次勸他不要太辛苦，一切隨緣。但他總是笑而不答。想不到二〇一二年三月的時候，偉漢忽然從馬來西亞打電話來告訴我，他已經將整本自傳寫完了。三月二十九號，偉漢帶著為我寫的自傳和為我創作的音樂劇劇本，飛來香港找我。用了兩天的時間，一個字一個字的念給我聽，把我的一生重走了一遍。

我很感動，也很開心，幾次流下了眼淚；覺得自己的一生終須沒有白活。這本自傳對我來說很重要，很多我無法用語言說明的，都被記錄了下來。我只能說這是一本很真實的自己。

我的音樂劇是一個意外的禮物！我真的沒有想過我的一生竟然可以用自己的歌串成。原來我不只唱給大家聽，也唱給我自己。

信了上帝之後，我已經將自己這一生交給了祂。這一生已經無怨無悔，沒有遺憾。如果上帝任何時候要我走，我都不會猶豫和不捨。我的一生可以說是上帝為我安排的，祂讓我經歷那麼多，無疑就是要我將一生奉獻給有緣人，讓大家對信仰更堅定，對生命更熱愛。

我想，偉漢應該也是哥哥或上帝派來的禮物。他為我所做的一切，已經沒有言語可以表達。我只能說：「真的辛苦你了！你做得很好，謝謝你。姚莉姐姐永遠愛你！」

感恩主。

姚莉和作者楊偉漢

感謝商周出版替我們完成這個心願。

姚莉姐的自傳一書終於有機會走出馬來西亞，向海外與姚莉迷們見面。回首過去，這一切都只是一次單純的意願所致。

二〇〇三年，我與姚莉姐因「鉛華錄——姚敏作品集1」的唱片而結緣。當時、我們沒見過面，只是僅僅幾通電話，她就答應讓我使用她的聲音，做為專輯裡口述部分的錄音。這項決定對我這個小小的音樂人起了激勵作用，敬意油然而生。

姚莉姐的無私付出和關愛，讓我體會到什麼叫「人到無求，品自高」。這是從藝人生最高的一種境界。她是如此的單純和隨和，縱然其身後巨星光環不退，但是她心中早已回歸自然，安分守己的生活著。她對過往的名和利，早已拋諸腦後，這就是「真實」。對於沒有攀過高峰的我們，實在無法體驗這種回歸到底有多難。

與姚莉姐一起，有很多故事可以聽，很多道理可以學。我就是這樣默默地聆聽她述說往事，到她的回憶裡遊了一圈。有感，若這段精彩且充滿啟發的人生事跡，只侷限流傳於她身邊少數的人，那將是一大損失，應該要和喜歡姚莉姐的人一起分享。於是就開始了這本書的寫作，過程相當曲折；總之，開始的時候是請人撰寫，後來轉了一大圈，寫作的重任又落在我身上。

前前後後用了四、五年的時間，終於在二〇一三年完成。

同年，我也為該書製作了一部音樂劇「姚莉音樂劇」，用了四十多首姚莉姐的歌曲，把她的精彩人生用音樂劇的形式重演了一遍。那年已經九十一歲高齡的姚莉姐為了支持我們，特地從香港飛到吉隆坡，一連觀賞了九場的演出。每一晚，她都坐在台下，隨劇情起伏，時而歡笑、時而落淚。後來，她為我們留下了一段非常珍貴的話：

「這一切都太真實，音樂和故事。我彷彿回到過去，把人生重走了好幾遍。沒想到，我唱了一世人的歌，原來也唱著自己的一生。」

凡是認識姚莉姐的人都知道，她是一位非常低調的藝人，就算當紅的時候也很少曝光。我們都是從她的音樂那裡認識她，這也就是為什麼我要為她製作一部音樂劇的真正理由，她的歌聲，她的音樂，她的人生。

二〇一三年的時候，我還來不及將音樂劇原聲帶完成。隨著演出落幕，這個計劃就一直擱著。直至去年（二〇一四）年尾，姚莉姐在家裡摔了一跤，我知道後，心裡突然覺得很慌，明白有些事情不可以再等；因為姚莉姐一直都希望可以擁有音樂劇的原聲帶。我於是重新安排工作，務必將這部音樂劇的原聲帶在今年完成，要親手送到姚莉姐那裡。

這一次，我們很感謝商周出版的總編輯靖卉，子宸和他們的團隊，他們對這本書非常重視，一直想要將最好的內容帶給讀者。在他們細心安排之下，「漢製作」同意將部分音樂劇裡的片段上傳給讀者，讓大家在閱讀之餘，還可以聽聽某些音樂。等到作品完成後，會正式發行。

相信很多人都想知道，九十三歲高齡的姚莉姐究竟還唱不唱歌？

告訴你們，她從來沒有離開過音樂。每天最大的興趣就是聽歌，會隨著歌曲哼哼唱唱。她磁性的嗓音依舊充滿感情。每當我和她在一起時，也會曲不離口。她的聽覺靈敏，我一唱錯即刻被抓，無論是音調和咬字，無一倖免。她總是充滿耐性的教導和糾正我，在她的指導下，我真的學習很多。她對音樂的熱愛不減當年，這點讓我很讚歎。我想，是她幸運的遇到音樂，還是音樂幸運的遇到她？

打從一九六七年退出歌壇以來，除了在九〇年代有過的一次慈善演出以外，姚莉姐就再也沒有公開表演過。她說：這一切都是為了要把最美好回憶，留給喜愛她的歌迷。

此次能有緣與商周出版合作，得感謝「點燈」節目的製作人張光斗先生；是斗哥為我們牽的線。要不是他，商周出版又怎麼會找到我。斗哥和我一樣，都是從母親那裡接觸到姚莉姐的歌曲，從此結下不解之緣。所以好音樂並不只限制於娛樂的範圍，更多時候，好歌可以築起溝通的橋梁，打開話題，分享回憶。

斗哥不止一次給我上點燈節目的機會，而且還促成我與姚莉姐在二〇一三年的時候，一起到台灣遊玩的因緣，那是一個非常珍貴的美好記憶。感謝您，斗哥！

有人問，為何在二〇一三年版本的姚莉自傳一書，找不到我的名字，其實有，在封面，但是，是透明的，不留意就會看不到。理由很簡單，這本書是屬於姚莉姐，我只是用了文字將其重述一遍，僅此而已。

能為姚莉姐做點什麼？一直都是我心裡的一個大問號，我並不想從這些作品裡為自己謀得什麼好處，因為姚莉姐已經給了我，她的信任與愛，沒有什麼比這些更珍貴了。

最後，感恩您的支持。

獻給我敬愛的母親林愛清。

偉漢　合十

序幕

一段文字，一齣人生
翻開一紙書，字裡行間銜接歷史的軌跡
文字符號刻畫出滄桑變化
黑白分明，卻分不清悲歡離合

一首歌，聽一段回憶
一筆字，寫一段人生
一朵玫瑰，綻放一段愛的光輝

芳土

二十世紀初，上海。

這個被譽為「東方巴黎」的繁華都市，是時尚，摩登和流行的象徵。

它是十里洋場，也是冒險家的樂園。

它的傳奇在十九世紀中掀開序幕，鴨片戰爭以後，上海被開闢為「通商口岸」。此後一百年，外國列強紛紛入侵上海，列強向清政府「租」地建設，以方便商貿活動。這就是後來英、美兩國的「公共租界」和法國的「法租界」的起源。

租界最主要的特點是內部自治管理，也就是變相的殖民地。租界讓上海變成「孤島」，卻是紙醉金迷的「國中國」。當上海以外的地區正飽受戰火的摧殘，民不聊生的同時，上海內卻一片歌舞昇平、夜夜笙歌。

在英、美、法租界的影響下，上海成為了中西文化交流的大都會。外國流行的時尚玩意，古典、藍調、爵士樂和西方電影，這裡都可以找到。

它打開了中國人接觸西洋音樂和藝術的窗口，把西洋樂的元素融入中國民歌小調和地方戲曲中，產生了一種風格獨特的音樂品種——時代曲。

現代的中文流行音樂，就是當時在上海時代曲延伸開來的。

上海時代曲造就了很多音樂人，姚莉是其中一位靈魂人物。

然而，姚莉的故事，並不是從時代曲開始的，反而得從「牛奶」開始說起……

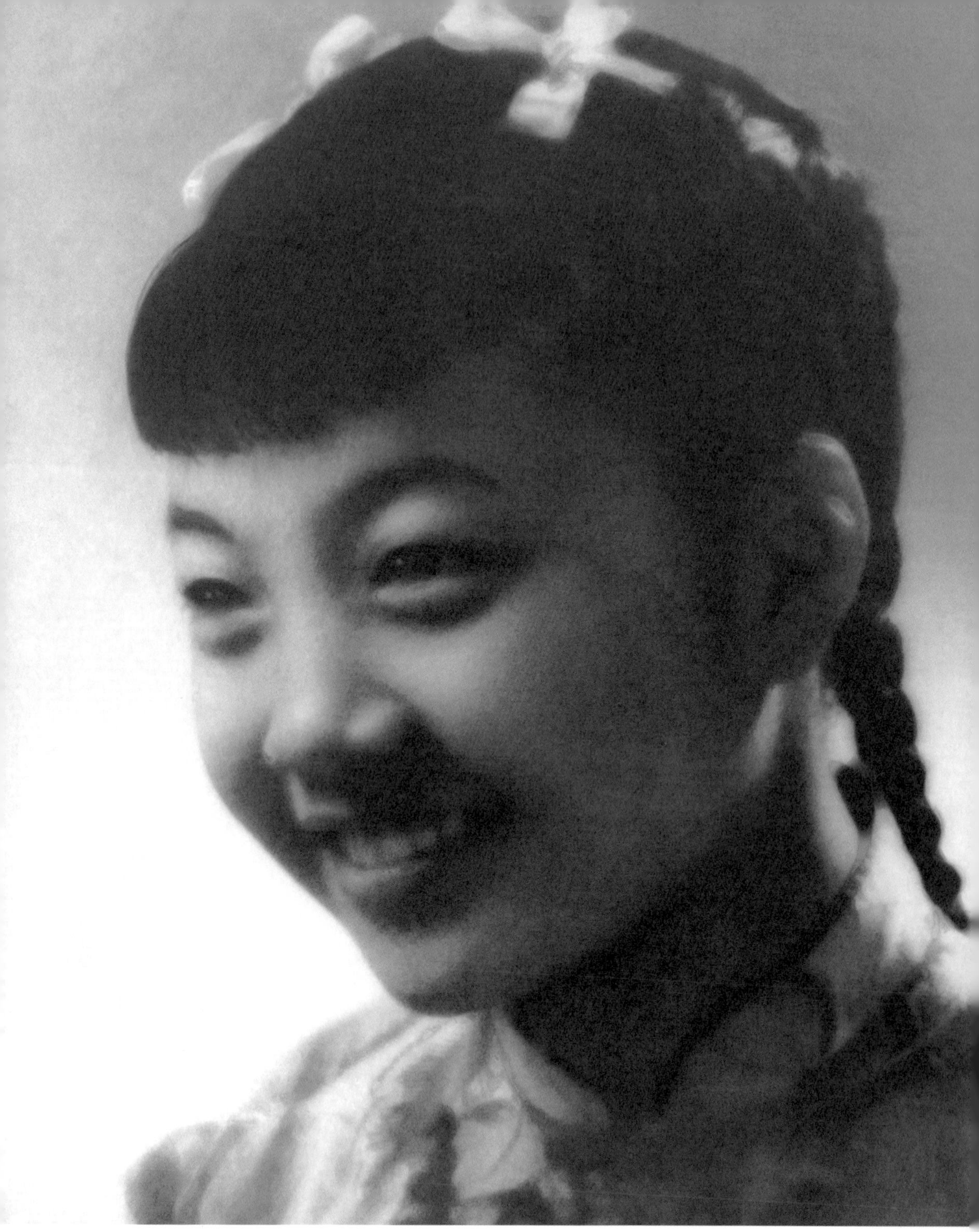

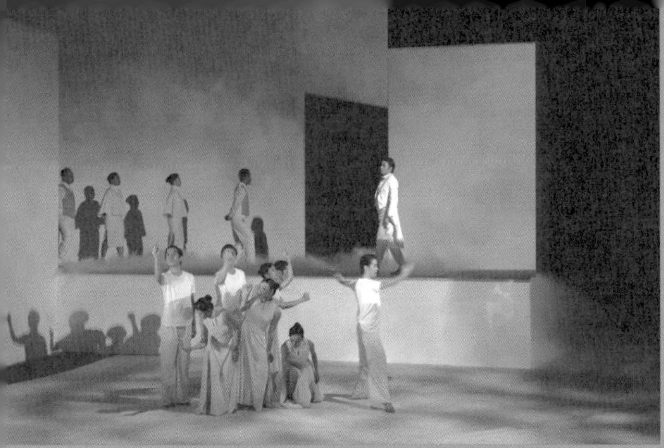

Chapter. 1

雲朵飄來

我睡
在雲霧裡

我睡在雲霧裡
雲霧在我的周圍起
那樣緩緩的緩緩的
雲霧在我的周圍起

我睡在雲霧裡
雲霧在我的周圍飛
那樣輕輕的輕輕的
雲霧在我的周圍飛

他又吻我又相依
我要睡在他的懷抱裡
這周圍的雲霧
已合在一起
和周圍的雲霧
不分我與你

（演唱：楊偉漢。原唱：姚莉，作詞：陳式，作曲：姚敏）

https://youtu.be/Zx_JsY8mzHc

家世

上海的租界文化改變了中國人許多生活方式；晚上，觥籌交錯，喝的是紅酒、白蘭地，清晨早餐桌上，大家喝起營養健康的牛奶來了。

過去，中國人是不喝牛奶的，中國人養牛是為了耕田，不是為了喝其奶。而且當時大部分華人的身體基因對牛奶特別敏感，喝了後往往會引起腹瀉。

在上海租界，洋人從國外進口牛奶和乳製品。為了擴充市場，他們必須想辦法讓中國人也喝牛奶。於是，商家們用了一系列宣傳手法來宣揚牛奶的益處。他們首先主辦了大大小小和「健康」主題有關的選美活動。

當選的美女都身材健美，皮膚漂亮。儘管她們都不是因為喝牛奶才長成這個樣子，但是當選後就會成為該牛奶公司的形象代言人。這一系列時髦美女，被追求時尚的上海人仿效，讓牛奶成為養生的首選。

選美以外，在乳製品的廣告上，也總以摩登家庭作主題。海報裡穿著洋服的爸爸媽媽手裡抱著健康的寶寶，兩旁還有開心的哥哥姐姐相伴。這樣溫馨的天倫之樂圖，是多少苦難的上海人夢寐以求的畫面。既然現實中差距滿大，人們唯有藉由喝牛奶來幻想一番。洋商成功透過各種宣傳手法和管道，把牛奶提升為時尚潮流的健康飲品。

有了這個現代生活的符號和形象，牛奶果然就被上海人接受了，也帶旺了和牛奶有關的行業。

姚莉的祖父，看準了這個時代趨勢，全心投入成為上海牛奶供應商；趁勢崛起，在沒有多大的競爭下，生意愈做愈大，他的財富愈積愈多，後來還建立起龐大的畜牧場。

只是姚家人丁單薄，姚老爺只有一位兒子姚家聲。

當時的舊上海，家族的盛衰都操控在男丁手裡，姚家因為姚老爺而顯赫，也因姚公子而中落。仿如電視劇的劇情，獨生子姚家聲是個深受父母溺愛的紈絝子弟，不學無術，整天遊手好閒，還時常闖禍。父母親拿他沒辦法，但是卻又狠不下心來嚴懲這個姚家唯一的命根子，他們只好寄望兒子長大後可以有所改變。

兒子剛成年不久，姚家兩老就急著為他找一家門當戶對的千金做媳婦。他們寄望成家之後，兒子會變成熟穩重。於是向當時上海頗有名望的吳氏家族提親，讓姚家聲迎娶吳家二姨太的長女吳巧寶。

成家之後，家聲確實有一些改變。但是自從他們的第一個女兒姚秀英出世之後，他又故態復萌，恢復了以往的放縱不羈。他豪氣大方，身邊總是圍著一大班稱兄道弟的酒肉朋友。他的妻子巧寶是大戶人家的小姐，雖然無法容忍丈夫的風流，卻無奈何於舊社會的男尊女卑，她在認命和憤懣中掙扎。琴瑟難和鳴，夫妻的感情愈見淡薄。

最初幾年，姚家聲與之所至，還會回家看看老婆和孩子。在那幾年裡，巧寶相繼為他生了兩個兒子。大的取名為振民，而小的卻不幸夭折。後來，她懷上他們第四個孩子，在懷孕期間，姚家聲已人影無蹤，連家也不回了。

雲朵飄來

一九二二年九月十二日的上海，正值炎夏。

天氣仍然炎熱，璀璨的陽光照耀著大地，似乎要將黃浦江的河水蒸發。

在姚家大院裡，人們正期盼著姚家第三代另一個小生命的誕生。

隨著房裡傳來了清脆響亮的嬰兒哭聲，接生婆從巧寶房裡走了出來，手裡抱著一個剛出世的嬰兒。

「恭喜老爺，您媳婦給姚家添了個千金。」

此時，大院上空飄來了幾朵雲彩，遮擋著酷熱的太陽。帶來了片刻的涼意。姚老爺望著空中朵朵秀麗的祥雲，靈機一動，給這眉目清秀的女娃兒起了這個名字：「姚秀雲。」

「秀雲。這名字真好聽，我一定會好好的保護她。」剛剛榮升為哥哥的姚振民高興地説道。

當時，大夥都給這小毛頭逗樂了。笑聲在院子裡傳開來。

在笑聲的背後，吳巧寶疲憊不堪地躺在床上。她期盼著的人沒有出現，她的丈夫姚家聲不知道在城裡哪個角落風流快活著，對小女兒的誕生完全不聞不問。

童年

秀英、振民、秀雲三兄妹的童年生活雖然富裕，但是卻沒有爹娘的關愛。父親連面都沒見過幾次，像面目模糊的陌生人。母親是千金小姐，十指不沾陽春水，照顧孩子的事都交給傭人打理。自己平時和一班貴婦們打打牌消磨時間。

陪伴兄妹三人的是慈祥的祖母；是她給了他們無限的愛與關懷，讓他們在溫暖中成長。比秀雲年長五歲的哥哥振民，是她童年的玩伴。秀雲非常黏哥哥，總是寸步不離。振民偶爾會覺得妹妹很煩，但也很樂意把她帶在身邊。兄妹倆可說是形影不離。

記得有一回，城裡辦了一個遊樂場，請來了當時著名的馬戲團表演。振民想撇下妹妹，和一班死黨一起去見識見識。

機靈的秀雲怎麼會猜不到哥哥心裡的主意，當振民獨自一人準備開溜的時候，就給門口靜待多時的妹妹逮住了，也要跟著去。

他勸服不了妹妹，唯有先和她約法三章，不許她一直黏著自己，要各自找樂子、各玩各的，也想去開開眼界的秀雲點頭答應了。

到了遊樂場，人潮洶湧，秀雲害怕會和哥哥走散，所以就拉著哥哥的衣袖不放。其他的孩子早就不知所蹤，各自玩樂去了，留下牽著妹妹的振民。

而振民偏偏這時人有三急，就叫妹妹在洗手間門口候著，交代她別亂跑。沒想到振民從洗手間出來的時候，秀雲竟然不知所蹤，這可把振民急死了，他慌張的四處尋找，最後在尋人區找到了妹妹，真是驚魂甫定。原來他剛上洗手間，小秀雲就急得哭了。工作人員還以為她是丟失的小孩，把她帶到尋人區，等人來領回。

振民看著一臉無辜的妹妹，氣急的說道：

「不是說好了嗎？叫妳等哥哥一會兒。怎麼才剛走開，妳就哭了？妳叫我怎麼辦呢？難道我以後帶妳出來玩，連方便一下都不行嗎？」

秀雲帶點尷尬的點了點頭，振民看著妹妹可愛的小臉蛋也實在生氣不下，只好牽著她的手，一塊玩去了。

這一段往事，過了許多年，秀雲依舊印象深刻，彷彿還感覺到當時哥哥手心的溫暖。

陰霾

秀雲八歲那年，祖父病逝。他的牛奶王國理所當然由他的獨子姚家聲繼承。剛開始接管家業，姚家聲不是沒有想過認真打理父親留下的事業；只是對於一個紈絝子弟來說，擔當一家龐大牛奶公司的擔子未免太沉重，他的一丁點鬥志瞬間被消磨散盡。他又回到聲色犬馬的天地裡，為了省事免煩，他把父親留給他的生意全賣給人，拿著一大筆現金，被酒肉朋友簇擁，最後還抽起鴉片煙。

姚家聲和吳巧寶的婚姻是舊社會體制下的一個錯誤結合，他有他的花花世界，她有她的麻將天地。對於三個小孩，她其實是束手無策，就交托給傭人和婆婆照顧，把自己的空虛寂寞付諸在麻將枱上。

吳巧寶的婆婆，姚家聲的母親，是位善良的傳統女性，她自責於兒子的不成材，也心疼孫子們得不到父母關愛，從家業興旺到家道中落，這位無能為力的家族長輩感到非常憂傷。

有時候，秀雲因為怕黑不敢一個人睡，跑到祖母的房裡，想黏著奶奶撒嬌，卻好幾次發現祖母獨自一人在偷偷哭泣。每次遇到這樣的情況，小秀雲就會躲到祖母的懷抱裡，安慰奶奶。

祖母也會因為她而表現出堅強的一面。只是姚家聲的敗家之路沒有盡頭，幾番打擊搖搖欲墜的姚家，終於散了。

有一天，姚家忽然來了幾個凶神惡煞的大漢。一進門就亂砸東西，看到值錢的就把它們抬走，最後還把所有人都趕出家門。原來是好賭的姚家聲幹的好事。他把家裡所有的東西都輸光了，連房子也給押上了！這班惡霸是來討賭債的。一夜之間，姚家祖孫幾人竟成了無家可歸的可憐蟲，氣頭上的吳巧寶，把三個孩子扔給婆婆照顧，自個兒跑了。無助的祖母，帶著秀英、振民和秀雲去投靠一位姓石的姪女，秀雲他們喊她「姑姐」。

姑姐收留了他們。這位三十多歲的姑姐，獨居在上海一間小小的房子。她和祖母的感情非常好，所以將他們祖孫四人接來住。小房子雖然擁擠，卻總比露宿街頭好。他們暫時有個棲身之所。小秀雲並不知道姑姐是做什麼工作，只曉得她每天晚上打扮得漂漂亮亮出門，然後第二天早上才回家。後來才知道，姑姐在夜總會裡當舞女。

但是在祖母的眾多親戚當中，她最有道義和人情。自己生活雖然過得不見得寬裕，但卻願意向他們伸出援手。秀雲覺得比起那些富裕的親戚朋友，她更值得人們尊重。

在姑姐家裡生活，患難見真情，感情更親密。兄妹間更加相親相愛，父母親不在身邊也無太大的思念。

怪乞丐

風平浪靜的過了一段時日，有一天，秀雲跟隨祖母上街買東西，祖孫倆發現有一個奇怪的乞丐，好像在跟蹤著她們。可是每當她們轉回頭一看，乞丐就迅速的消失在人群中。如此三番四次的回頭，秀雲沒發現什麼，反而是祖母看到那行蹤閃縮的乞丐，卻是淚流滿面，泣不成聲。

那乞丐是什麼人？秀雲當時心裡想，怎麼會讓奶奶哭得這麼傷心？

過了幾天，家裡接到醫院來的緊急電話，說是有一個姓姚的病人想要見他們最後一面。他們來到醫院病榻前，秀雲一看床上的病人，沒錯，此人正是那個跟蹤他們的乞丐。

這個乞丐也就是姚家聲。

人之將逝，其言也善。這個把家業敗壞的二世祖，在生命彌留時刻懺悔了。

姚家兄妹三人，看著病床上陌生男人的臉孔，卻步了。他們曾經日思夜盼父親回家，希望得到他的愛，而今第一次這麼靠近爸爸，他卻如同一個陌生人。

姚家聲雙手顫抖，眼神哀傷，召喚著家人。

在祖母的牽引下，三個孩子跪在他床前，握住他的手。

秀雲記得當時父親流下眼淚，用微弱的聲音，在母親和孩子們的面前說了最後一番話：

「娘，孩子們，我對不起你們，是我連累你們受苦了。如果還有機會的話，我一定會重新做人。孩子們，你們原諒爸爸好嗎？」

這話說完不久，姚家聲闔上雙眼，帶著無法彌補的錯誤和遺憾離開人世；留下了年邁的母親和三個孤苦伶仃的孩子。

兄妹三人緊緊地握著父親的手，流淚痛哭。

天倫團聚僅一刻那麼短，是重逢，也是永別。

姚家聲三十六年的生命旅程，就在這一片哭聲中落幕了。

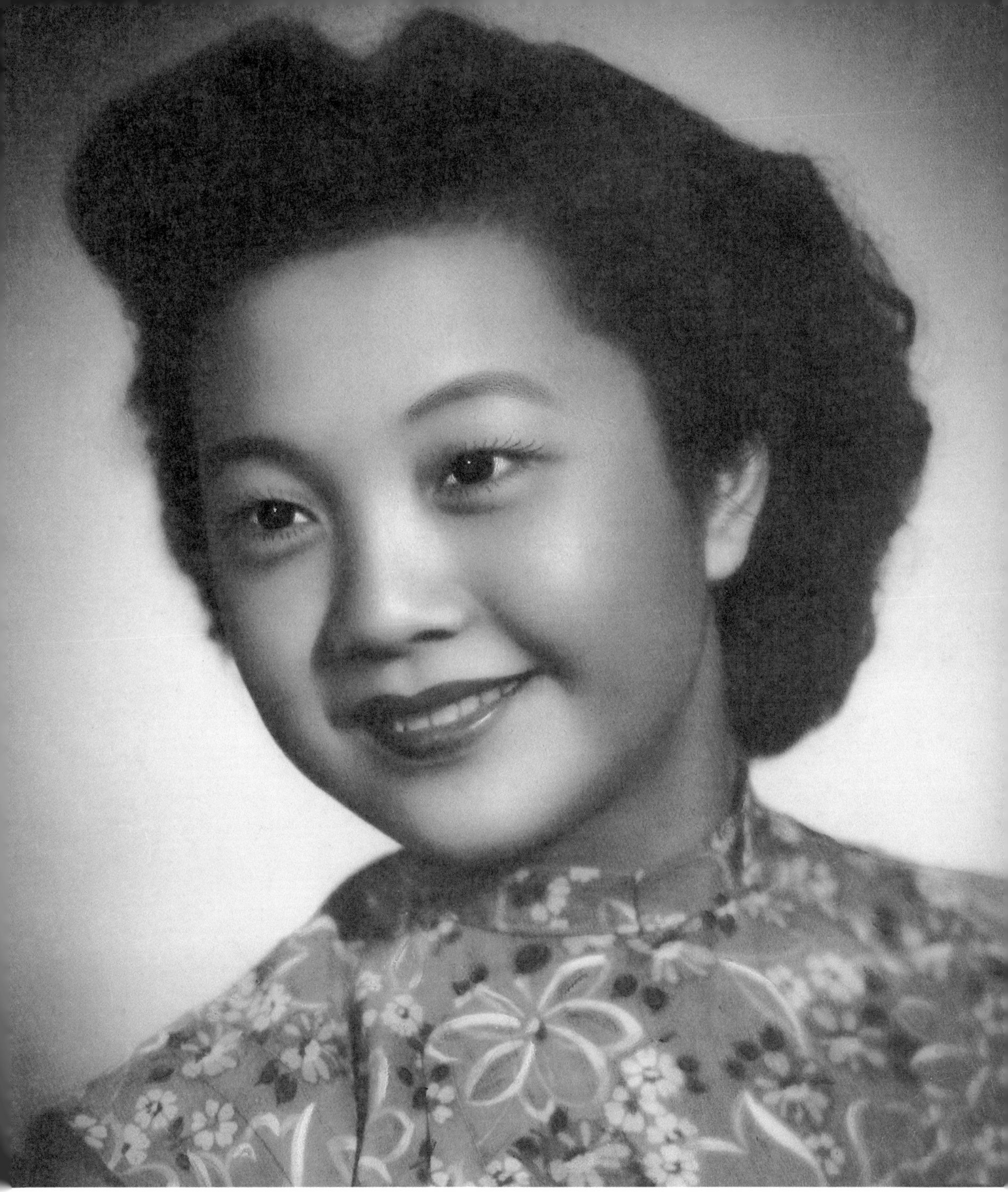

逆風歲月

祖母為姚家聲辦了一場簡單的葬禮。靈堂前冷冷清清，前來弔喪的人非常少。那些昔日和家聲稱兄道弟的死黨，一個也沒有出現。

吳巧寶在出殯的當天出現在殯儀館，來送丈夫最後一程。可是不知道是意外還是巧合？送殯途中，巧寶竟然被天花板上掉下的鐵支砸傷了腳，彷彿象徵著她和姚家聲的夫妻情分緣盡。

葬禮完畢，吳巧寶又走了，她並沒有打算留下來照顧孩子們。

他們依舊是祖孫四人相依為命。父親逝世，母親離棄，姚家三兄妹跟著祖母過貧苦的生活，最後連學費也成了問題。

在走投無路之下，他們忽然想到家境富裕的外公或許可以幫他們渡過難關。於是振民決定瞞著祖母，帶著妹妹到外公家裡走一趟。

可是他們怎麼也沒想到，來到外公家卻沒見著外公，卻給外公的三姨太給撞上了。外公的幾個姨太太平時在家裡閒來無事都會爭權霸寵，暗地裡總鬥得你死我活，早就結下深仇大怨。

而吳巧寶是二姨太的長女，三姨太逮到這千載難逢的機會，又怎能錯過奚落兩兄妹的機會。

三姨太當著眾人的面前，對他們羞辱了一番：

「喲！我還以為是什麼人呢？原來是你們這兩個窮鬼。你們不會是來討飯吃的吧？看你們瘦成這副模樣，應該是餓著肚子來的。可惜家裡的剩飯都給野狗給吃了。你們還是快滾吧！」

這番恥辱兄妹倆畢生難忘。跨出了外公家大門，他們再也壓抑不住內心的悲痛。一路狂跑一路哭；似乎是在逃，逃出這不幸的世界。直到累了，跑不動了為止，可是被羞辱的痛苦還是緊緊地跟隨。

「妹妹，妳一定要記住哥哥的話，以後咱們就算再窮也要窮得有尊嚴，哪怕是餓死街頭也絕對不再踏進外公家一步。」

苦難的磨練讓姚家的孩子們一夜之間長大了，懂事了，勇敢了。

接下來的日子一天比一天更難過。祖母的儲蓄已經花光了。能賣的，能當的東西都沒了。兄妹三人也只好輟學去打工幫補家用。十五歲的秀英，到一位親戚家裡當管家；十四歲的振民，到一家雜貨店裡當學徒；九歲的秀雲還小，則留在家裡幫忙。

愛上金嗓子

哥哥和姐姐都工作去了，沒有玩伴，又沒錢上學，秀雲覺得生活百般無聊。幸好姑姐家裡有一架當時很時髦流行的玩意兒——收音機。它成了秀雲最好的伴，陪她渡過無數個白天黑夜。

在一九二三至一九二六年間，上海首次出現了三家由美國人開辦的廣播電臺。正式打開了中國廣播事業的歷史大門。英國、法國和義大利等國，隨後也相繼在上海建立了各自專屬的電臺。在一九二七年之前，上海的主流音樂還是以京劇和戲曲為主。英國人的「百代唱片公司」是中國最早的一家唱片公司，所有的戲曲唱片都是由它負責製作和發行。

當年幾乎所有的戲曲名伶都曾經和「百代」合作過。梅蘭芳、程硯秋、譚富英、郭仲衡等名角，都曾在百代公司品牌下灌錄過唱片。既然是「名伶唱片」那麼唱酬理所當然也是水漲船高。隨著廣播事業迅速的普及，唱片的市場利潤不斷受到擠壓；再加上時局動蕩對唱片銷量造成了一定的影響，為了減低成本，百代公司急於尋求另一條新出路。

一九二七年，由名作曲家黎錦暉創作，女兒黎明暉主唱的〈妹妹我愛你〉及〈毛毛雨〉，推出市場後，立即掀起了購買熱潮，一夜間在上海的大街小巷走紅。這些以社會寫實為題材，旋律簡單，歌詞白話的歌曲，成功地引起了大眾的共鳴。音樂不再局限於欣賞藝術，而逐漸走向通俗藝術的道路。這些任誰都可以輕易地哼上幾句的歌曲，走進了人們的日常生活。

在那個戰火連天，苦難不斷的時代，生活急需些輕鬆的紓解。時代曲的出現是一種趨勢，更是一種需要。百代唱片公司看準了未來做唱片方向，他們決定把船頭轉向現代流行音樂的方向行駛。上海時代曲正式開啟了華人流行樂的樂章。在某種意義上，時代曲的誕生意味著中國現代城市生活的開端。

秀雲的音樂細胞就是在那個時候被發現的，她的音感很強，有過耳不忘的天份；幾乎所有電臺播放的歌曲，她都可以朗朗地哼上幾句。在眾多歌星中，她最愛的就是紅透半邊天的金嗓子周璇。

周璇出身貧寒。她是個棄嬰，連自己的親生父母是誰都不知道。長大後，她憑著自己的努力，改變了命運。一九三一年，她加入上海明月歌舞團，開始了從藝生涯。她唱而優則演。後來因主演歌舞片「特別快車」而嶄露頭角。一九三四年，她在「三大播音歌星」比賽中獲得亞軍。她的聲音嬌嫩婉約，字正腔圓，唱起歌來溫柔甜美，被譽為樂壇「金嗓子」。

秀雲對周璇悲慘的身世，感同身受；自然地就喜歡上她的歌曲。每當電臺播放周璇的歌，她就會放下手中的工作，蹲在那個木製的方形收音機前；豎起耳朵，認真地聆聽周璇所唱的每句歌詞。聽到忘我之際，就跟著高聲哼唱。

送別哥哥

有了音樂陪伴，秀雲雖然孤單，卻不覺得寂寞。相比之下，哥哥振民的生活就沒有那麼寫意了。他在雜貨店裡工作並不開心。尤其當他發現老闆為了謀利，在白糖裡加了便宜的麵粉，一氣之下決定辭職不幹。

後來經朋友介紹，他被外國的船運公司錄取；簽了三年的航海合約。

當時有傳言說，如果中國水手在郵輪上發燒超過三天不退燒的話，就會被推到海裡餵魚。所以這三年，振民的命運將會如何，能不能活著回來？誰也無法預料。

祖母並不贊成振民去航海。

可是振民心裡清楚家裡需要錢，再說，他覺得自己已經十六歲，是個大人了，要有扛起這個家的擔當。

他迫切出去看看這個世界，去學習，去闖蕩；只有這樣他才可以愈變愈強。

他向祖母保證一定會好好照顧自己，一定會平安歸來。

祖母知道長孫真的長大了。他有抱負，有理想，不應該強留他在身邊，她曾經因為溺愛兒子，才會使兒子走上不歸路。欣慰的是，振民一點也不像他父親，他忠厚老實，性格穩重，心地善良，嫉惡如仇；她為他感到驕傲。縱然萬般不捨，卻還是答應了。

臨走前，祖母為振民準備了一頓豐富的早餐。可是他看著盤裡的美食，竟然嚥不下口。他再也按捺不住自己悲傷的情緒，緊緊地抱住祖母痛哭。最後，振民跪在祖母面前，叩了三個響頭。

在送行的黃浦江上，寒風刺骨。振民牽著妹妹的手，和姐姐、祖母沿著碼頭的方向走去。臨別依依，他聲聲叮嚀著秀雲：

「妹妹，這一次哥哥不能帶著妳一塊出海了。妳要記得替哥哥好好的照顧祖母。哥哥答應妳，三年後一定會回來團聚。」

笛聲響起了。振民乘坐的舢板，隨著漿兒的划動，在悠悠江水中消失了蹤影。

秀雲哭著大聲叫喊哥哥，可是聲音卻消失在滔滔江水中。

這是兄妹倆生平第一次的離別。

寄人籬下

祖母看著秀雲一天天的長大，心裡總是惦著要讓她上學求點學問，不要再重蹈舊社會婦女受制於家庭的覆轍，凡事都得依靠男人才可以活下去。只是振民當海員的工資並不多，收入只能應付日常生活開銷，並沒有多餘的錢讓秀雲受教育。

這時有個開金行的遠房親戚，夫妻倆結婚多年膝下無子；派人捎話給祖母，說是要秀雲到他們家裡當養女，還答應供秀雲上學讀書。

祖母相信他們必定會喜歡乖巧懂事的秀雲，於是就答應了。秀雲當然不願意離開祖母，可也不願反抗，孝順的她最後還是選擇順從祖母的意願。

到了阿姨家，才發現阿姨並沒有遵守對祖母許下的承諾。秀雲去不成學校，反而成了家裡的丫環。由於年紀還小，手指細嫩，所以阿姨就要她負責洗滌名貴的玻璃絲襪和抽鴉片的器具。除此，秀雲還得打掃阿姨的房間和拭擦家裡名貴家具。

在阿姨房裡，擺了一大罐進口巧克力，這對小秀雲來說是多麼大的誘惑。每次拭擦糖罐子時，聞著巧克力香，總是猛嚥口水，卻不敢動輕舉妄動。後來，她發現罐子裡的糖果似乎從來就沒有被人碰過。一時起了貪念，偷偷地藏了兩粒在口袋裡。到了晚上，等到大夥兒都睡著的時候，才偷偷地把糖果放進嘴裡慢慢的品嚐。巧克力香滑甜美，真是太好吃了。

秀雲作夢也想不到，她的阿姨每晚都會把罐子裡的巧克力倒出來，一粒、一粒的點算，她終於逮到秀雲偷吃的證據，狠狠地賞了秀雲兩個耳光，還說是家賊難防。

正好姨丈也在場，連他也看不過眼了，訓了阿姨兩句：

「妳怎麼可以打她呢？這孩子喜歡吃糖，妳給她吃不就算了嗎！為何要打她呢？她給我們家裡幹活，吃兩粒糖果算得了什麼？」

雖然姨丈為她求情，可是秀雲內心懊惱不已；她痛恨自己太不爭氣，為了區區的兩粒糖果，就把哥哥的話忘得一幹二淨。

「咱們再窮也要窮得有尊嚴！」

她發誓從此絕不再犯同樣的錯誤。

經過這事，秀雲變得沉默寡言。整天都是愁眉苦臉的幹活。阿姨是個記恨的女人，她愈看秀雲愈不順眼，經常藉故責罵她、打她。而秀雲從不反抗，寄人籬下，她將滿腹辛酸埋在心裡。

長期壓抑和煎熬，終於熬出病來。秀雲病得很重，身體非常虛弱。阿姨沒給她看醫生吃藥，還要她繼續幹活。

後來她病得連床都下不來了。阿姨這才開始擔心，她怕秀雲會病死在她家，便派人通知秀雲的祖母，叫她趕緊把孫女接走。

祖母收到了消息後，匆匆忙忙趕到阿姨家去。秀雲躺在床上迷迷糊糊的，一見到自己朝思暮想的祖母，就緊緊的抱住她不放。

「奶奶，求您帶我走，以後就算餓死，我也不再和您分開了！」祖母看著憔悴得不成人形的孫女，急得哭了。「小雲，祖母對不起妳！連累妳受苦了。咱們回家去吧！以後再也不會讓妳離開奶奶身邊一步。」

在黃包車上，秀雲依偎在祖母溫暖的懷裡，再一次感受到愛。路上漸漸出現熟悉的街道和景色，當初離開姑姐家的時候，她沒想過這回家的路，竟會如此艱辛和漫長。她感覺心中的烏雲散去，不開心的那一段日子也即將成為過去。回到家，秀雲的病竟然神奇的好了。

Chapter. 2

飄零歲月

愛的鈴聲

鈴聲響 叮鈴噹叮鈴噹
對我不斷的講
鈴聲響叮鈴噹叮鈴噹
對我不停的嚷
好像在問我想不想
想不想聲聲唱
唱一唱愛的希望
配上聲聲鈴響
鈴聲響 叮鈴噹叮鈴噹
彷彿比我還忙
鈴聲響 叮鈴噹叮鈴噹
彷彿比我還慌

（演唱：楊偉漢。原唱：姚莉，作詞：文流〔陳蝶衣〕，作曲：姚敏）

https://youtu.be/W94l6eAP_1Y

春天

回到姑姐家對秀雲來說是夢寐以求的事。這裡除了有疼愛自己的祖母，還有最喜愛的收音機。她每天除了幫忙做家務之外，大多數的時間都在收聽節目。聽廣播對一般人來說，只是一種消磨時間的娛樂，不會認真看待。但是對於沒法上學的秀雲，聽廣播成為了一種學習新常識的管道。

除了聽歌和唱歌，她還可以透過廣播得知世界發生的時事新聞。她藉著聽廣播來填補失學的遺憾，透過廣播，她可以了解國家大事和潮流資訊。背歌詞成為她必修的功課，格外的認真和投入。

某天下午，秀雲一貫的在客廳裡邊聽廣播邊唱歌，她的堂舅吳炳福走了進來。這位來自蘇州的堂舅是一位小提琴手，在上海華興電臺擔任樂手。秀雲的祖母是他的堂姑姑，他很意外聽到一副好嗓音。

堂舅驚訝於秀雲歌唱的天分，她天生一副好歌喉，唱起歌來似模似樣，儼如專業歌手。他不想驚動她，悄悄地站在後面聽她唱歌。

「炳福，你來啦。」

從廚房裡走出來的祖母，開口招呼炳福的時候，秀雲嚇了一大跳，轉身一看，發現堂舅竟然站在了自己的身後。她覺得很尷尬，想找個洞鑽進去。

可惜太遲了，堂舅已經在鼓掌叫好。

「秀雲，妳唱得真好啊！我帶妳到電臺唱歌好不好？」

秀雲鼓著羞紅的臉，想要躲回房間。

祖母卻說：「這孩子，整天都在家裡對著這『木頭箱子』唱歌。我看就讓她到裡邊唱唱好了。」

「奶奶，我不要！」

「秀雲，有我在，沒什麼好怕的。而且說不定妳還可以在電臺駐唱？如此一來妳就可以賺錢養家啦。」堂舅說。

「上電臺唱歌？我真的沒這個膽量，我不要！」

「這個妳不必擔心，反正在電臺唱歌，沒有人會看到妳。錄音間裡只有歌手和樂手而已。再說，妳不好奇嗎？不想到電臺去開開眼界嗎？」

「可是堂舅，我不知道我行不行？您還是先讓我想想吧。」

「好吧，可是不要考慮太久啊！現在電臺正好要人，所以要把握時機，機會一過就沒了。」

那天下午，堂舅留在他們家裡吃飯時，在飯桌上高談闊論有關電臺工作的實際情況。這個堂舅是個沒有什麼心機的老實人，平日秀雲很少和他接觸，只在家裡見過他幾次，感覺他傻乎乎的，沒什麼話題；但是今天談到音樂，談到電臺的工作，他像另外一個人似地，滔滔不絕；讓祖母和秀雲對他另眼相看。

秀雲一邊吃飯一邊認真地聽著堂舅說話。當堂舅說到自己在電臺裡，曾經和某某大明星、大歌星相遇的故事時，她羨慕不已；忽然有了躍躍欲試的衝動，可是她還是不敢開口。堂舅似乎看懂她的心思，臨走前，留了一句：

「秀雲，下一個星期我會來帶妳，到華興電臺試音，妳準備、準備。」說完也不等秀雲回答，他就騎著自行車走了。

那一晚，秀雲在床上翻來覆去，無法入眠。滿腦子都是堂舅和她說過的話，她既興奮又期待；心裡想：「對啊！如果我到電臺去唱歌，說不定還有機會碰到周璇呢？」

想到這裡秀雲偷偷地笑了，之前的擔心和顧慮，早拋到九霄雲外去了。

走進木箱子

接下來的一星期，她更努力的在家裡練歌。每天對著收音機，日唱夜唱，就只差睡著的時候沒法開口唱而已。愛唱歌的她，彷彿感應到未來的日子裡，將會有美好的事情等待著她。

上電臺的那一天終於來了，祖母親手給秀雲挑了一件漂亮的素色旗袍，堂舅一大早就來接秀雲，他們坐上了黃包車，往電臺出發。華興電臺距離姑姐家並不遠，拉黃包車的大叔一會兒的工夫就將車子拉到了電臺門口。

站在電臺門口，秀雲難免有點緊張，卻又興奮不已。這是她經常會收聽的電臺，電臺曾經是陪伴她的知音，也是教導她的良師益友。今天居然能夠進入這個廣播世界，這是多奇妙的際遇啊。

電臺播音間在二樓。秀雲緊跟著堂舅身後，一步步地往上走，穿過一個小小的走廊，就到了播音間的門口。打開了門，裡邊的空間並不大；擺著一架鋼琴和兩三張椅子，中間還有一張小桌子，上面擺著一支麥克風。這就是那神奇木箱子裡面的世界。只是小木箱變成了大木箱，而她就在箱子裡，她惦記起祖母，很想馬上告訴她：「奶奶，我真的走進了小木箱啦！」

電臺每天都會邀請好幾個不同音樂社的歌手來獻唱，一大票歌手就坐在那幾張椅子上，等待上場。電臺的樂隊就在另一邊為他們伴奏，堂舅讓秀雲和其他樂手們打了招呼，就叫她找個位子坐下等候。他和樂隊們準備就緒，節目開始了。

歌手們一個接一個的輪流演唱，秀雲在一旁細心地留意著每個人的演出，想到就快輪到自己上場，不禁心跳加速，手心直冒冷汗。這即將是她的第一次演唱，之前並沒有經過任何彩排。現場沒有人知道秀雲是個完全沒有經驗的小歌手，只知道她是炳福的外甥女。炳福是樂師，大家都以為，秀雲一定經過他的調教，才來上節目的。

現場直播的節目不容許出差錯，秀雲想，「這堂舅可真大膽，竟然就這樣把我帶來了。」這時，堂舅向她使了個眼色，她聽見廣播員說：「各位親愛的聽眾，今天我們要介紹一位本節目的新聲音，姚秀雲妹妹。她即將為大家帶來周璇的名曲，請大家欣賞。」

輪到我上場了！

秀雲站在麥克風前，心在撲通撲通的跳著，腦海裡一片空白。就在此時，她耳邊響起了一段自己非常熟悉的前奏〈天涯歌女〉。她深深地吸了口氣，微微地閉上雙眼，感覺自己正坐在家裡的收音機前，很自然地就跟著音樂唱起來：

「天涯呀海角，覓呀覓知音，
小妹妹唱歌郎奏琴，郎呀咱們倆是一條心，

噯呀噯呀，郎呀咱們倆是一條心。
家山呀北望，淚呀淚霑襟，
小妹妹想郎直到今，郎呀患難之交恩愛深，
噯呀噯呀，郎呀患難之交恩愛深，
人生呀誰不，惜啊惜青春，
小妹妹似線，郎似針，郎呀穿在一起不離分，
噯呀噯呀，郎呀穿在一起不離分。」

唱著唱著，在播音間裡的所有人都被這位小妹妹的聲音吸引。年紀輕輕的她唱起周璇的歌，竟然如此動人。她的聲線嬌嫩，很接近周璇的原音，幾可亂真。當大家知道她是無師自通，只靠聽節目學習就可以唱得這麼好，更是嘖嘖稱奇。

節目結束後，堂舅高興地將她拉到一旁說：「秀雲，妳唱得真好，大家都對妳很滿意。妳願不願意每天都來這裡唱？電臺可以給妳一個月兩元的唱酬。」

一心以為來電臺唱歌是玩玩的秀雲，聽到唱歌還有錢可賺，開心地不得了，想都沒想就點頭答應了。從電臺出來，她踏著快樂的步伐回家。在路上，她邊走邊唱，想到一個月多了兩元唱酬，可以幫補家裡的負擔，讓她加快了腳步，趕著把這份喜悅帶回家和祖母、姑姐一起分享。

團聚

自從秀雲在電臺駐唱後，家裡的日子也漸漸地好起來了。每天風雨無阻地到電臺去唱歌，對她來說，這個是賞心樂事。她心上的唯一掛礙是哥哥振民。振民航海已將近三年，每個月尾，祖母到船務公司代領薪水，全家人靠著這份收入過活，卻對他的近況一無所知，他音訊全無。

三年來，秀雲不曾停止想念振民，祈求上天保佑他平安，早日回來團圓。終於她盼到了這一天，某天秀雲從電臺回來，發現有個身形熟悉的男人在家裡坐著。「哥哥！」三年沒見，她一眼就認得出那個人就是自己朝思暮想的哥哥，航海三年的哥哥終於平安歸來了！

秀雲緊緊拉著哥哥的手，央求他：「哥哥，您別再離開我們了！」

「妹妹，妳放心，哥哥不走了，不會再離開妳和祖母。」振民拍拍妹妹的頭，許下承諾。

到親戚家裡當管家的姐姐秀英聞訊，也趕回了家。兄妹三人抱在一起，喜極而泣，激動不已。晚上，四人坐在一起吃了一頓緣慳三年的團圓飯。振民答應祖母，以後這個家將會天天團圓，他會留在上海找工作，不再航海。

看戲去

振民在上海最大、最豪華的「大光明戲院」，找到一份帶位員的工作。除了放電影，這裡也是著名歌舞團的表演場地；大名鼎鼎的「明月社」、「新華歌舞團」等，都曾在這裡演出。大明星經常會隨片登臺，在戲院會見影迷；振民可說是大開眼界。

過去三年的航海生涯，振民到過許多國家，接觸不同文化和藝術。如今回到上海，居然還可以一脈相承地繼續接觸西洋流行文化，在黑暗的光影世界裡，好萊塢的歌舞片引領他到另一個世界。

他一點也沒察覺自己的藝術細胞漸漸地被喚醒，更不知道，這是他日後成為音樂大師的伏筆。

振民向來話不多，對於音樂卻特別靈敏，每一首歌聽上一、兩遍就能把旋律哼出來，對於秀雲的電臺駐唱歌手生活特別感興趣，兩人常常有談不完的話題。

當時的秀雲，最喜歡陰天和雨天。只有在這個時候，祖母會讓她拿雨傘到戲院，去接振民回家，這樣一來她就可以到戲院看霸王戲。雖然每個月都有兩元的收入，但她把錢全都交給祖母，自己身上沒存半毛錢，買不起戲票入場。加上祖母管教嚴厲，晚上不能出門，下午又得到電臺唱歌，看戲對她來説，是奢侈的享受。但是看霸王戲就不同，感覺特別溫馨。振民人緣不錯，和同事們相處得好；秀雲每次看戲，食品販賣部的同事總會偷偷塞給她一些美味的零食。

每當手裡捧著糖果小食的時候，秀雲心裡常常會想起小時候，在阿姨家偷吃糖果的那段傷心往事，看霸王戲讓她發現，原來人間還是充滿了關愛和溫情。

看完戲之後，兩兄妹會吃一點宵夜，然後再一起撐著傘在雨中步行回家，有時候他們會把雨滴落下的滴答聲當作節奏，隨意地唱著一首又一首歌曲。

花開

上海租界的日與夜一片繁華，但在上海以外的地區，其實已經炮聲隆隆。在當時飽受日本侵華戰爭蹂躪的中國，上海像一座美麗的烏托邦，歌舞昇平繁華盛世。在上海以外的地區，逃難的人潮洶湧，中國其實正處於搖搖欲墜，國難當前的艱苦時刻。上海的愛國藝人開始發起募款運動，當時最紅的女歌手金嗓子周璇，也答應到華興電臺慈善義唱。

這個消息把秀雲樂壞了！她的演唱時段正好排在周璇之前，終於可以一睹偶像的風采，她像是小歌迷般雀躍。義唱當天，秀雲一如往常到電臺唱歌。就在她唱歌的時候，周璇和嚴華夫婦來到了電臺。她的歌聲酷似周璇，馬上引起兩人的注意。

表演完畢，秀雲就和偶像周璇面對面碰上了！她沒想到周璇會這麼早就來了，面對這位巨星偶像，秀雲整個人懵了！她不知所措，傻傻的僵在那裡。周璇和嚴華覺得眼前這位小妹妹長得親切可愛，很討人喜歡。

「妹妹，妳是跟誰學唱歌呢？誰是妳的老師啊？」周璇問她。

「我……我……沒有老師，我就喜歡聽您唱，我是學您的。」

周璇一聽，開心的笑了。

嚴華接著問：「小妹妹，妳叫什麼名字呢？」

「我叫秀雲。」

「秀雲，那妳想不想出唱片？」

「我……」

「這樣吧，兩個星期後，妳到百代公司來找我。」

說完，他們就被其他人接待過去了。

「出唱片？？？」一切來得太突然，秀雲根本還沒來得及回過神，像在雲霧中，飄飄然地很不真實。還是馬上找個好位置，站在一旁觀賞偶像的演唱比較重要，周璇的現場演唱平復了她繚亂的思緒。

金嗓子周璇開嗓，義款就如雪花紛飛般飄來。一首歌下來，周璇竟然已經籌到好幾百塊錢。這對當時月薪只有兩塊錢的秀雲來說，簡直就不可思議，自己唱一輩子都掙不到這麼多錢。周璇就是周璇，影響力不同凡響。

那天之後，嚴華的那一句「想當唱片歌星嗎？」，不時地在她耳邊重複著。歌星……多麼遙不可及的事啊！好運，再一次叩門了嗎？

面試

那兩個星期，她為見嚴華而做準備。

堂舅告訴她，要成為唱片歌星的首要條件，就是要學習看簡譜。但這對於沒有上過學的秀雲來說，是個極大的困擾。她骨子裡藏著一份堅毅不饒的志氣，自小遭受那麼多苦難和磨練，鍛鍊了她絕不低頭的剛強。在努力不懈之下，竟然在短短兩個星期就學會了讀簡譜。

兩個星期後，秀雲一人來到了座落在上海徐家匯路的一棟洋房，這就是全中國流行樂的大本營——百代唱片公司。

「我的命運將會有什麼改變？」她的心裡還真不踏實。「嚴華真的會記得我嗎？」走到大門前，她開始擔心待會該怎麼向裡頭的人說明，自己來這裡的目的。

「嚴華先生或許只是跟我開玩笑？他會記得這個約定嗎？」可是如果這時打退堂鼓，就連進百代唱片公司大門的機會都沒了，那就隨遇而安吧！她提起了勇氣推開了大門，走了進去。

櫃臺的接待員看到一個小妹妹走了進來，便好奇地問她來這裡所為何事？

「我來找嚴華先生。」

「妳是秀雲吧？」

她怎麼會知道我的名字？秀雲驚訝地點了點頭。

「嚴華先生在裡邊等候妳，快進去吧。」接待員親切招呼她。

秀雲怦然的心頓時定下來，嚴華並沒有開玩笑，他是認真的。

在百代唱片公司，著名的製作人和作曲家都有個人辦公室。她輕踩著腳步慢慢地朝嚴華的辦公室走去，只見嚴華正坐在鋼琴前寫歌。他看到秀雲，馬上露出了親切的笑容。

「秀雲，妳來了。進來吧。」

秀雲戰戰兢兢地走了進去。

「一個人來嗎？」

秀雲點了點頭。

「別緊張！放輕鬆，我不會罵人。」

這樣的開場白，把秀雲給逗笑了，氣氛頓時變得輕鬆起來。

「是的，妳會不會看譜？」

「會一點。」

「那很好。妳試著唱幾首歌給我聽聽。」

語畢，嚴華把手放在琴鍵上，準備為她伴奏。

秀雲心裡喊：「天呀！他可是當今上海最紅的才子！竟然要給自己伴奏？」

她一點也不敢怠慢，輕輕地唱起了周璇的歌曲。

嚴華鋼琴聲伴著秀雲的歌聲，她就這樣一首接著一首盡情地歌唱，最後嚴華臉上展露了滿意的笑容。

「可以了！唱得不錯。今天就到此為此。我已經知道妳的音域和音色了。妳現在回家等待消息吧，我們會盡早給妳通知。」

秀雲滿腹疑惑，究竟過關了沒有？她觀察嚴華的表情，卻也看不出什麼答案，她納悶地回家去。

等待

好幾個星期過去了，秀雲一如往常過著在電臺駐唱生活。嚴華沒有給她任何通知。她開始感到有點失落；又過了幾個星期，還是沒有任何消息。看來當歌星的夢想已經幻滅，還是老老實實的過普通人的生活吧。她收拾心情照常到電臺唱歌；偶爾找哥哥看看霸王戲和吃免費的零食。在戰火漫天的中國，能夠過上平靜的生活，已經算是一種福氣了。

這樣又過了幾個月，有一天秀雲準備到電臺上班時，接到了百代唱片公司的一通電話，通知她再到百代公司走一趟。

掛上電話，她開心的喊了出來；她的叫聲驚動了祖母，老人家趕忙從房裡跑了出來。秀雲一見祖母就衝向前抱著她，把這個好消息告訴了祖母。祖母聽了之後，比她還開心。

第一首歌

隔天一早，秀雲就到百代唱片公司去找嚴華。這一次，嚴華交給了秀雲一份手寫的簡譜。上面寫著〈賣相思〉三個字。

「秀雲，這是我給妳寫的歌。」

「我的歌？」

「嗯，妳看著譜，來唱一段吧。」

秀雲點了點頭。

「我這心裡一大塊，左推右推推不開，
怕生病偏偏又把病兒害，無奈何只好請個醫生來，
醫生與奴看罷脈，說了一聲不礙，
不是病來可也不是災，不是病來可也不是災，
這就是你的多情人，留給你的相思債，

敝醫生庸庸無法把方兒開，且讓你只好把那相思害，
從前不把相思害，猛然害起相思來，
怕相思偏偏入了相思寨，無奈何只好把這相思賣，
大街過去小巷來，叫了一聲相思賣，
誰肯來買我相思去害，誰肯來買我相思去害。」

唱著唱著，她覺得這首歌很簡單，就幾個旋律，幾個調；不斷地重複又重複，好像沒什麼技巧發揮。可是在一旁的嚴華似乎對她的表現感到很滿意，不斷地跟著拍子在點頭微笑。

「行了！就這首歌。秀雲，這將是妳人生中的第一首歌曲。歡迎妳加入我們的公司。」

「我的歌曲！您的意思是我可以灌唱片了？」

嚴華笑著點了點頭。「相信我，這首〈賣相思〉一定可以讓妳竄紅。」

看到嚴華那麼的肯定自己，她心裡非常激動，眼眶開始紅了。

「妳千萬不要哭啊！要不然人家會以為我在欺負妳。」嚴華連忙說道。尷尬的秀雲露出燦爛的笑容。從這一刻起，她認定眼前的嚴華就是她的恩師。

雖說這首〈賣相思〉是一首簡單的曲子，正是這一首歌改變了她的人生，秀雲開始了她的燦爛星途。

錄音

百代唱片公司旗下有一家子公司「麗歌唱片公司」，功能就是百代公司的一個踏板。一般說來，公司簽下的藝人都會先由麗歌來負責發行。只有經過市場的實質考驗，被廣泛消費者接受的藝人，才會有機會轉簽百代唱片公司。所以能夠在百代旗下出唱片的必然會大紅大紫。

秀雲當然也不例外，她的唱片合約就是簽給了麗歌。後來的〈賣相思〉就是屬於麗歌的產品。簽了約之後，首要做的就是灌唱片。她被安排到徐家匯的百代公司的錄音室。這是全上海最好的錄音室，有著最為先進的錄音器材。這裡每一樣東西都顯得與眾不同。站在這裡，她感覺到自己真的很幸運。她一定要好好的唱，好好的發揮。

除了〈賣相思〉之外，嚴華還找來了名作曲家黎錦光*，為她寫了另一首歌〈清流映明月〉。這首歌的風格和〈賣相思〉截然不同，它就是屬於秀雲喜歡唱的那種優美婉約類型的曲子。

早在進錄音室之前，秀雲就已經將歌曲練得滾瓜爛熟。在正式錄音前，她和恩師嚴華又練習了好幾遍。雖說自己在電臺唱歌累積了不少的經驗，但那時候唱的都是別人的歌。現在她要為自己的歌進行錄音，內心無比的興奮。

「秀雲，準備好了嗎？我們要開始正式錄音了。妳要放鬆盡情地唱。唱得不好可以重頭來過，不必擔心。」嚴華很細心，總是在適當的時候，給予適當的鼓勵。秀雲清了清喉嚨，向嚴華點個頭表示已經準備就緒。只見嚴華雙手一揮，音樂馬上響起；秀雲隨著輕快的節奏輕輕地擺動著身體，娓娓的唱出：

「我這心裡一大塊，左推右推推不開，
大街過去小巷來，叫了一聲相思賣，
誰肯來買我相思去害，誰肯來買我相思去害……」

第一次錄音的秀雲就表現出大將之風，她一口氣把歌曲唱完，讓在場所有的人都對這位小妹妹另眼相看。後來，在製作人嚴華的要求下，這兩首歌多錄了兩遍之後就大功告成。她的第一次錄音就這樣順利完成了。從嚴華滿意的笑容看來，秀雲知道自己的未來離不開歌唱了。

＊編註：〈夜來香〉名曲即黎錦光所作，日本作曲家服部良一將歌詞翻譯成日語後，流行日本。

風中的清香

大概三個星期之後，嚴華再次召秀雲回百代公司一趟，說是唱片母帶已經處理好了，邀她過來聽聽。秀雲以飛快的速度趕到百代唱片公司，一路上她的心情既期待、又緊張，不知道錄音效果會如何？

到了百代唱片公司，她發現已經有一群人在等她。第一次面對這樣熱鬧和嚴肅的場面，她顯得有些不自在；隨便找了個位子坐下。這個時候，只見嚴華手裡捧著一卷母帶，面帶笑容地走了進來。他將母帶交給負責播歌的人，然後走到秀雲身邊坐下。

音樂前奏響起了，全場的人豎起了耳朵，認真的聽著。歌聲播出來，像是一位十六年華的懷春少女，在愛情的面前唱出相思的情懷；甜美乾淨的聲線深深地打動了在場的每個人。

大家都為之陶醉，除了秀雲自己例外。當她第一次聽到自己的錄音時，覺得這一把聲音有點陌生。

「這是我的聲音嗎？怎麼不像我？」她心裡感覺怪怪的。

他們一口氣播了〈賣相思〉和〈清流映明月〉兩首歌。歌曲結束之後，馬上就有人開始鼓掌。大家都對秀雲的歌藝讚賞有加，給了她很高的評價。尤其是百代唱片公司的傳經理，認定這個小女孩日後在樂壇一定會有一番作為。

這要歸功於嚴華眼光獨到，當他第一次在華興電臺看到秀雲的時候，就知道她是個可造之才。一般人認為秀雲的歌聲很像周璇，可是嚴華卻可以在這兩把相似的聲音裡找到不同之處。周璇的聲音比較優柔嬌滴；秀雲的聲音卻比較清脆響亮。由於都一樣用假音的關係，所以聽起來很相像。嚴華以秀雲的音色，替她創作了〈賣相思〉這首輕快活潑的歌曲，相信她將會一曲而紅。

歌曲有了，大家卻認為「姚秀雲」這個名字特色不夠，所以最好可以改一個只有兩個字的藝名，要大家幫忙回去想想。

回家以後，秀雲把改藝名這件事告訴了堂舅。他想了想，給秀雲提了個建議：「姚莉」。秀雲相當喜歡這個名字，聽起來很順耳。「莉」代表了：秀氣靈巧，多才巧智。百代唱片公司的人也同意使用這個藝名。

從此，姚秀雲成為家裡的名字，走上街，她就是「姚莉」。

Chapter. 3

玫瑰待放

玫瑰玫瑰
我愛你

玫瑰玫瑰最嬌美，玫瑰玫瑰最豔麗
長夏開在枝頭上，玫瑰玫瑰我愛你
玫瑰玫瑰情意重，玫瑰玫瑰情意濃
長夏開在荊棘裡，玫瑰玫瑰我愛你
心的誓約，心的情意，聖潔的光輝照大地
心的誓約，心的情意，聖潔的光輝照大地

玫瑰玫瑰枝兒細，玫瑰玫瑰刺兒銳
今朝風雨來摧殘，傷了嫩枝和嬌蕊
玫瑰玫瑰心兒堅，玫瑰玫瑰刺兒尖
來日風雨來摧毀，毀不了並蒂枝連理
玫瑰玫瑰我愛你

（演唱：楊偉漢。原唱：姚莉，作詞：吳村，作曲：林牧〔陳歌辛〕）

https://youtu.be/wlv2RlU1gFE

綻放

嚴華的眼光沒有錯，〈賣相思〉一推出市場就獲得很大的迴響。

姚秀雲，不，姚莉紅了。

紅了之後，第一個上門拜訪他們的不速之客，就是吳巧寶。她想回家了，她想當「姚莉」的母親。

對於母親，姚家三個孩子已經沒有什麼感情，尤其是大姐秀英，她最年長，家裡的事情她最有記憶，母親離開他們時候，對她的傷害最大，現在妹妹有了成就，母親就回來要求一家團聚，讓她不能釋懷。

後來，因為祖母的一番話，他們接納了母親。祖母對他們說：

「你們的母親，懷胎十月把你們生下，就這生育之恩，你們一輩子也無法還清。過去她對不起你們，可是今天選擇回來面對你們，就表示她有悔改之心。你們給她機會改過，就等於給自己一個機會。所以你們千萬不可以恨她。天地良心，不計較他人的過失，但求自己向善；所以一定要以德報怨。不孝是要遭天譴的！」

兄妹三人都是祖母撫養長大的，祖母是他們最尊敬的長輩，她說的話，兄妹們不敢有違，就接受了母親。

兩年後，祖母病逝了。他們也遵從祖母的遺願，讓母親搬來和他們一起住。

吳巧寶回家之後，就開始協助推展姚莉的歌唱事業；就像現在的歌手經紀人，為她打點一切。在當時男尊女卑的舊社會，女人拋頭露面工作，很容易受人欺負，加上姚莉還是個歌星，娛樂圈人事更複雜。吳巧寶見過世面，又是大戶人家的女兒，應付各種場面並不太難。很多時候，母親在身邊，姚莉反而較有安全感，覺得自己不會被欺負。

姚莉也遵守著對祖母的承諾，好好的孝敬母親。她所賺的錢全交給母親管理，自己不私藏分毫。吳巧寶有感女兒乖巧，所以也特別賣力為她的未來開路。

別了，姑姐

姚莉走紅之後，生活條件改善了。她們再也不需要擠在姑姐的小房子。為了減輕了姑姐的負擔，她租了一間比較大一點的房子，和家人一起搬進去住。他們雖然搬走了，可是依舊和姑姐保持聯繫。

姑姐對他們有恩，他們一世也忘不了。可惜苦命的姑姐因為操勞過度，而患上嚴重的肺癆病，不久後就與世長辭。兄妹們帶著悲痛為姑姐打理後事。可是不識時務的母親吳巧寶卻對此事頗有微言；她認為姑姐出身不好，兒女們現在已經是名人，不應該和她牽扯關係。她的無情引起了兄妹們的不滿，連一向聽話的姚莉也忍不住開口說話：

「姑姐對我們兄妹恩重如山，她是為了我們才這麼勞苦。我們最需要妳的時候，妳在哪裡呢？要不是姑姐收留了我們，撫養我們，我們或許早就已經餓死街頭了。在那麼多親戚當中，沒有一個人會像她那樣值得尊重。」母親聽了之後慚愧地低著頭，再也不敢說任何話。

善良的姑姐，用她短暫的一生，教會了兄妹們何謂「道義」。她留給他們一個永遠無法磨滅的人性貞潔之美。

要名要利？

姚莉紅了以後，希望愛唱歌的兄姐也有機會發展歌唱事業。她向百代唱片公司推薦了振民，因為她知道哥哥的音樂天分比自己還高，肯定大有可為。那時候的上海歌壇是女歌星的天下，男歌星只有寥寥數人，正鬧男歌星荒，百代唱片公司遇到男女合唱的歌曲，就得四處尋找男歌手，非常費勁。振民歌聲好，人也長得俊俏，百代馬上就把他給簽下來。

振民就這樣走進了音樂的世界。他和妹妹一樣，被公司要求改一個兩個字的藝名，他照樣請堂舅來出主意，堂舅以姚振「民」的同音字，為他取了個藝名——「姚敏」。後來人們把將兄妹倆的名字擺在一起，取其諧音說成是：「要名、要利」。姚敏很快地成為上海首屈一指的男歌星，幾乎所有當紅的女歌星都和他合作過，最多的要數姚莉、周璇和白虹。他們唱了很多首膾炙人口的合唱曲，如〈星心相印〉、〈天長地久〉、〈同心謠〉、〈大拜年〉、〈愛相思〉等等。沒有學過樂器的姚敏，天資過人，他走進百代唱片公司，就像當年牽著妹妹的手走入了遊樂場般，充滿了歡樂。他常常躲在鋼琴房裡，摸索彈奏的技巧，從一根手指單奏開始，在黑白鍵上抓旋律，單音彈奏；慢慢地學會了和弦，到最後十指聯奏；幾個月後，已經可以公開演奏。他的音樂天才讓許多人歎為觀止，沒有人相信，這個音樂天才在半年前只是個戲院帶位員；而在一年多以前，他還在茫茫大海漂泊，是個人生漫無目的的海員。

掌握了樂器，姚敏嘗試作曲，當其他作曲家在編曲和指揮樂隊，他都會在一旁偷師；摸索了幾個月後，他嘗試寫起歌來。他的努力讓同儕們對他另眼相看，當時百代唱片的作曲家有陳歌辛*和黎錦光，他們都系出音樂名門，姚敏對音樂的敏銳觸感，增加了彼此間的話題，讓他們結成莫逆之交，姚敏視他們亦師亦友。

對於音樂，姚敏相逢恨晚，學習上拼了狠勁；鋼琴之後，他繼續學習更多樂器；二胡、吉他、口琴、曼陀鈴等等……大多數都無師自通。上海時代曲造就了他，他的作品也豐富了上海時代曲的色彩。

上海當時有四家最豪華的舞廳：仙樂斯、百樂門、大世界和麗斯，它們被稱為上海的「四大金剛」；這些場所都是高官顯要和名人聚集的地方。仙樂斯看上了當時樂壇新偶像姚莉，用很高的唱酬力邀她去表演；吳巧寶替她和仙樂斯簽了四年駐唱合約，從此姚莉開始了舞廳駐唱生涯。

姚莉每晚只演出半個小時，是仙樂斯每晚鎮臺之寶；愛上她歌聲的人們都前來捧場，當時的歌迷不少是社會名流和商賈，當然不乏熱烈追求她的公子哥兒。然而，姚莉的感情世界還是大門緊鎖的，賺多些錢，讓全家人過上好日子，才是她的理想。

*編註：現在華人世界流行的賀年歌〈恭喜恭喜〉，即陳歌辛在1946年　慶祝抗戰勝利所創作的。

大同社

當時的上海，歌手和音樂人大多會組成音樂社，除了聯合演出，商家也邀請他們上電臺呈獻節目，推銷品牌和產品。

姚莉是獨立歌手，沒有音樂社，她成名後，邀約不斷，她和姚敏、堂舅商量，不如就成立一個自己的音樂社，方便工作。

於是，姚莉、姚敏和大姐秀英一同組成了「大同社」。姚莉是主唱，姚敏是主唱以及樂器演奏；秀英改名為姚英，當播報員，負責念廣告；堂舅負責小提琴。

大同社除了他們四人以外，也找了上海一些新歌手合作。這些受他們提拔的歌手當中，後來也有機會簽約百代唱片，灌錄唱片。其中包括梁萍和逸敏，她們倆就是在大同社當歌手後，經由姚莉推薦給百代唱片公司的成功例子。

大同社最初只是在上海華興電臺做節目，後來外界反應良好，愈來愈多商家找他們合作。大同社順應需求，把節目擴充到其他電臺，先後在「利利」、「李樹德堂」、「明遠」、「大陸」等電臺，都設有節目。

大同社的一檔節目大約四十五分鐘左右，在最紅的時候，他們一天得走三至四家電臺；從早唱到晚，一天下來都累壞了。可是姚莉還不能休息，晚上她還得到仙樂斯表演。

那一段時期，雖然賺了很多錢，生活環境改善了，但心情卻空空洞洞的，每一天都是疲憊不堪的。

這個時期的姚莉，曝光率非常高，名氣也愈來愈響。

每一次播音完畢，都會有許多歌迷在電臺門口等候她。他們見到偶像，就會湧上前送一些小禮物和小食品給她，要求簽名留念。姚莉向來親切隨和，除非遇上趕場，平時她總是來者不拒。

她從來都沒有把自己當作是大歌星，歌迷就像朋友一樣。在她的歌迷朋友群中，其中一位就是後來的「鼻音歌后」吳鶯鶯。

名利雙收之後的姚莉，依然保持謙卑，童年失學的遺憾，她常認為自己不足和需要改進的地方太多了，她曾經耿耿於懷於自己把成名曲〈賣相思〉裡：「我這心裡一大塊『左』推右推推不開」的「左」唱成上海話「煮」，而懊惱不已，可是米已「煮」成炊，改不掉了。

就這樣的機緣，讓她和白虹成了好姐妹。白虹是百代唱片公司另一位歌后，她曾經是和周璇齊名的百代唱片兩大王牌。周璇是姚莉的偶像，未出道前，周璇是她學習的對象；出了唱片，當了歌星之後，白虹成為了她的良師益友。

白虹氣度寬厚，對姚莉一見如故。她是北方人，所以講得一口順溜的普通話。姚莉是道道地地的上海人，普通話是靠聽歌學來的。所以她非常羨慕和敬佩白虹，她稱白虹為姐姐；白虹叫她「莉妹」。白虹姐姐糾正她的發音和她常犯的語病，成為了她的中文老師。

兩年之後，姚莉因為操勞過度健康亮了紅燈。母親不得不將電臺的工作結束掉，讓她只專心在仙樂斯的表演而已。

（上圖由左到右）姚莉、北角萬象相館老闆娘、張露、逸敏。
（下圖由左到右）姚莉、曉露、李香蘭、張露、葉紅。

（後排由左到右）姚莉、鄧白英、龔秋霞，（前排由左到右）逸敏、張露、陳娟娟。

初戀

每天匆匆忙忙地過日子，工作時間表塞得密密麻麻，不去想不去談，但愛情還是來了。

姚莉在當年的女歌星當中，算是相當保守的一位，仙樂斯的歌迷中不乏追求者，她都一一拒絕。偶爾忙裡偷閒，和哥哥的朋友們出去玩樂。姚敏的友人中，也有好幾位條件不俗的，對姚莉有好感，想要追求，也都吃了她的閉門羹。

故事還是發生在仙樂斯，有一位忠實歌迷來自青島的富家千金李小姐，幾乎每一晚都來捧場。經過一段時間，她和姚莉逐漸熟絡起來。她很欣賞姚莉，雖然奔波於十里洋場，但是性格依舊單純。於是，想把自己的弟弟介紹給姚莉。

李小姐很認真的拉這條紅線；有一晚，正當姚莉在臺上演唱時，她發現有一位皮膚黝黑，身材高大，長得一表人才的年輕人坐在李小姐身旁，很專注地在看自己的表演。他就是李少爺。還是大學生的李少爺適逢大學假期，所以到上海來探望姐姐，順道遊山玩水。李少爺有青島人的老實和靦腆，要不是姐姐的關係，他是不會到舞廳去玩的。

姚莉和他，一見鍾情。

每一天李少爺都會到仙樂斯去聽她唱歌，然後送她回家。姚莉很忙，但還是盡量安排時間見面，第一次嘗到戀愛甜蜜的姚莉，突然覺得日子不再枯燥乏味，工作再多，也感到很幸福。

這場戀愛談了幾個月，兩人還在熱戀的甜蜜期，李氏姐弟突然在姚莉的生活裡消失了。仙樂斯沒有了他們的蹤影，一天又一天，她盼望了許多天，他們常坐的位子，坐上了別的歌迷。沒有隻字片語，姚莉心急如焚，派人四處打聽，依然音訊全無。輾轉聽有人說他們兩姐弟已經回青島去了，姚莉百思莫解，她堅信李少爺對她的感情是真心的，這其中一定有什麼蹊蹺，她決定等待。

每一晚，她登上仙樂斯的舞臺，都抱著期待，他會出現在那熟悉的位子上。

就這樣過了一段日子，那位子上，終於出現了一個熟悉的身影。

他不是李少爺，她是李小姐。她為姚莉捎來一個心碎的消息。李少爺和姚莉的戀情被遠在青島的父親發現了，在封建守舊的李家，姚莉是歌星，就等於是「歌女」；名門少爺愛上「歌女」是不可饒恕的事。李家決定快刀斬亂麻，召回李少爺，禁止他離開青島；還為他選了一個門當戶對的富家千金，逼李少爺馬上成親。懦弱的李少爺，最後在父親的威逼下，順應了父母之命，娶了親。

這個消息對姚莉的打擊很大。她的心都碎了！李少爺的懦弱讓她徹底失望，小時候受人白眼的痛苦經歷，一幕幕的重現眼前。但今天的姚莉已經不再是軟弱無能的小女孩，她憑自己的努力唱出夢想。對她來說，歌女也罷，歌星也罷；音樂才是她的生命。她的歌聲是為藝術、為生命、為愛而唱。

姚莉把悲傷寄托歌曲，句句觸動人心的歌聲，治療了自己的情傷，也撫慰了他人的傷痛。這段短暫的初戀刻苦銘心，尊嚴的傷害也如烙印，留在內心深處。她全情投入工作，排得滿滿的工作表，讓她暫時遠離愛恨糾結。

過了很多年之後，李小姐拜訪了姚莉，告訴了她有關弟弟一生的遭遇。原來婚後的李少爺一直悶悶不樂，生活過得很不開心。大學畢業後，他決定到教堂當牧師，藉助宗教的力量治療自己的心靈。可惜後來，他還是憂鬱而逝。

在舊社會裡，這種因為階級地位而被拆散的姻緣，多不勝數。多少真心相愛的情侶，在權威壓迫之下成了愛情的犧牲品。這段短暫且刻苦銘心的初戀，一直深深地埋藏在姚莉的心裡，成為了一個永遠無法磨滅的傷痛。在她唱過的無數首情歌當中，究竟有多少首讓她憶起這段傷心往事？相信只有她自己最清楚。

玫瑰玫瑰我愛你

在姚莉的歌唱生命裡，陳歌辛是一個很重要的名字。陳歌辛是上海時代曲其中一位最重要的作曲家，後來他還有「一代歌仙」的稱號。他比姚莉年長三歲，為姚莉寫了很多歌曲，這些歌曲幾乎都成了她日後的代表作。

陳歌辛是姚敏的好兄弟，經常和兩兄妹聚在一起玩。姚莉傾慕才華出眾的陳歌辛，可是陳歌辛已經成家，妻子是賢淑美麗的金嬌麗。所以姚莉選擇默默地將這一份好感藏在心中。陳歌辛也很欣賞姚莉，對她似乎特別的關照，把許多好的作品都交給姚莉演唱。

一九四〇年陳歌辛為她寫了一首很重要的歌〈玫瑰玫瑰我愛你〉。這首歌創下她事業的第一個高峰。當陳歌辛把〈玫瑰玫瑰我愛你〉的歌譜交給她的時候，她馬上就愛上了這首歌。可是這首歌並不好唱，節奏非常快，對於上海人姚莉來說歌詞也很繞口。她請教了白虹姐姐，花了很多心思和時間苦練。

百代唱片很重視〈玫瑰玫瑰我愛你〉的錄音，為這首歌伴奏的白俄樂隊，一共派出了三十多為樂手。場面聲勢浩大，讓她倍感壓力；還好有陳歌辛擔任指揮，有他在場，姚莉的心定下了許多。畢竟兩人合作多時，早有默契。

但是，如果你期望得到陳歌辛的稱讚，那麼一定會感到失望，因為他臉上總是沒有什麼表情。姚莉對此早已習以為常。是好是壞？不必太操心；反正不好，陳歌辛是不會讓她收工的。

意外的是，錄音那天，姚莉正式錄唱只唱了一次，沒有表情的陳歌辛就點頭了。後來為了備份，再多錄唱一次。陳歌辛滿意的說：「收工！」

這首傳誦大半個世紀的經典之作就這樣順利誕生了！

〈玫瑰玫瑰我愛你〉一推出就掀起了搶購熱潮，這首歌，一夜之間紅遍了整個中國大陸；這張專輯，連續好幾個月都排在百代銷量榜的第一名。

姚莉從此成為家喻戶曉的名字。

人們為她冠上「銀嗓子」這個稱號，是繼周璇「金嗓子」之後的第二把交椅。

同年，上海國泰影片公司開拍一部由周璇主演的電影「天涯歌女」。姚莉這首紅遍大街小巷的〈玫瑰玫瑰我愛你〉，被電影公司採用為電影插曲，她本人更在影片中客串歌星一角。電影上映後，這首歌繼續成為當時中國最受歡迎歌曲。

姚莉正式成為百代唱片的銷量天后。從此，她所有的專輯都名列前三名，「姚莉」成為銷量的保證的名字。

影片中還有另外一首插曲，同樣是陳歌辛的作品〈秋的懷念〉。原唱的是歌星都傑。她小時候意外從高處摔下，從此駝背。姚莉發現她的歌聲甜美，把她帶到大同社去唱歌，後來還把她推薦給百代唱片公司當合約歌星。

這就是姚莉，她總是不斷發掘有才華的人，然後毫無私心的將他們推薦給公司。

「我是苦過來的人，在自己有能力的時候，就應該不斷的去幫助需要的人。」

只是當年沒有一首歌能夠超越〈玫瑰玫瑰我愛你〉的鋒芒，都傑的〈秋的懷念〉被觀眾忽略了。後來，陳歌辛決定要重錄這首歌，要姚莉翻唱。經過她重新演繹的〈秋的懷念〉一推出就不同凡響，紅遍整個上海。

蘇州河邊

在舊上海，百代唱片公司的作曲家和歌手在上班時間都會聚在公司。每當作曲家在完成了新作品後，便會叫他們認為適合的歌手來試唱。朝夕相對，他們之間的感情特別的好。姚莉、姚敏、陳歌辛、黎錦光和白虹就是經常聚在一起玩的朋友。

有一次大夥相約到蘇州一日遊，幾位年輕人到處遊山玩水，不亦樂乎。入夜時分，有人建議先到蘇州河邊走走，然後才回上海。

蘇州河邊景色宜人，在月光的襯托下顯得分外浪漫。姚莉被這迷人的夜色吸引了，她放慢了腳步，慢慢地欣賞河上的景色。

走著走著，大夥兒走散了；只有陳歌辛陪伴著姚莉。兩人在月光下，河岸邊，沉默的走著。眼波交流，一切盡在不言中。

世界突然之間變得好寧靜。月光的倒影在河面上，與天上的明月相對望。倒影隨著水波蕩漾，像有意躲藏明月的溫柔目光。明月似乎讀懂了她的心意，朦朧中沉默是一種最美的語言。

陳歌辛和姚莉將蘇州河邊夜色的美，深深地留在了記憶裡。

回到上海不久，陳歌辛把一首新歌的歌譜交給她。

姚莉看到歌名，心裡一陣悸動。歌名正是〈蘇州河邊〉。

試唱的時候，她坐在陳歌辛的鋼琴旁，細細地讀了一遍歌詞。歌裡描述的不就是那一晚在蘇州河邊的情景嗎？她一邊唱，一邊偷望陳歌辛；陳歌辛專注彈琴的樣子是如此地令人著迷。這次試唱，他們倆練習了好久。

正式錄音的時候，陳歌辛卻找了姚敏來和姚莉合唱。她望著木訥的哥哥，心裡覺得很納悶，到底要如何投入是好？最後她決定催眠自己；想像眼前的哥哥就是陳歌辛。

錄音的時候，姚莉的眼睛一直望著一旁的陳歌辛。姚敏不知情，他和妹妹一氣呵成錄完這首歌，還直讚妹妹深情投入。

陳歌辛用音樂寫下這段美麗的記憶，姚莉用她蘊藏在心中的情感演繹，兩人的情意在音樂的世界裡交匯融合。

也許不被驚動的愛情，才是永恒的美。

蘇州河邊

夜留下一片寂寞，河邊不見人影一個
我挽著你，你挽著我，暗的街上來往走著
夜留下一片寂寞，河邊只有我們兩個
星星在笑，風兒在妒，輕輕吹起我的衣角
我們走著迷失了方向，僅在暗的河邊彷徨
不知是世界離棄了我們，還是我們把它遺忘
夜留下一片寂寞，世上只有我們兩個
我望著你，你望著我，千言萬語變作沉默

（演唱：楊偉漢。原唱：姚莉，作詞、作曲：懷鉦〔陳歌辛〕）

https://youtu.be/V9Jflr5cb-k

裙下之臣

仙樂斯的太子爺謝公子是一位很風趣的人，不菸不酒，卻愛風流；是上海著名的花花公子。他總是一身長袍馬褂，雖然個子不高，相貌平凡，但是嘴巴很甜，出入皆以豪華汽車代步；和他交往過的名媛不計其數。他經常在父親開的仙樂斯夜總會裡消遣，喜歡上姚莉。之後他幾乎每晚都來觀賞她表演，在姚莉視線可及的地方向她揮手；她覺得他很有趣。

他曾幾次嘗試要到後臺探望她，但是都被姚媽媽擋住了。姚莉的母親雖然愛錢，但在婚姻上吃過虧，對於謝公子這樣的太子爺沒有太大好感，她要女兒以事業為重。

謝公子遭遇幾次挫敗之後，不但沒有灰心，反而愈挫愈勇。他不斷送禮物給姚莉，卻全落在她母親手裡。謝公子很懂女人的心思，無論是皮包、圍巾、衣服、香水等等，只要是他送的，就一定是時下最流行的款式；再加上他的嘴巴很甜，很會討人歡心。久而久之，連姚莉的母親也把持不住，給他說動了。

雖然如此，吳巧寶還是沒有完全對他解除戒心，允許他只有下午的時間可以帶姚莉去玩，其他時間一概不容許。而姚莉對謝公子並沒有特別的好感，他不是姚莉喜歡的類型，只把他當普通朋友一般看待。

每一次約會，謝公子都會開豪華轎車來接她。看姚莉沒什麼反應之後，一天，他改騎著自行車來接她，這可是他精心設計的橋段；他讓姚莉坐在前面，自己在後面，兩人騎車穿過大街小巷，迎面而來的陣陣春風，姚莉冰封的心漸漸融化了。

可是這個謝公子不知怎麼搞的，那一晚，當姚莉在臺上唱歌的時候，他竟然和一位舞女在臺下跳起舞來。姚莉看在眼裏、氣在心頭，下臺後馬上痛罵了他一頓；才知道這也是謝公子的激將橋段，為了試探她的心意而故意安排。可是這激將法卻是激怒了她，她不打算和謝公子再進一步發展。縱然謝公子後來百般承諾，也打動不了她，謝公子為了這件事傷心了很久。

上海時代曲有著一個大時代的背景，姚莉一九三九年出道，上海已經落入日本人手中，所幸在法租界，礙於法國人勢力，日本皇軍不敢逾越歐洲列強的權益。

為了實現「大東亞共榮圈」的理想，日本人不得不藉助時代曲來製造歌舞昇平的假象。他們接管了百代唱片公司，在幕後操縱運作。當時日本人需要藉助音樂人作品來宣傳，所以，只要百代出品的唱片沒有涉及煽動反日的元素，一般都不會干涉。

愛國的音樂人，無法在作品上明志，唯有暗喻，〈鳳凰于飛〉、〈五月的風〉、〈流浪之歌〉、〈花樣年華〉、〈丹桂飄香〉、〈月下的祈禱〉等，都是這一類型的愛國代表歌曲。

在日本，皇軍禁止日本作曲家創作抒情歌曲，認為有損陽剛軍風。後來日本帝國占領了中國，為了推行「中日親善」政策，條例才放寬，應許本國人為中國市場創作抒情題材。這項寬例大大鼓勵了那些長期心裡壓抑的作曲家，這個時期日本發表了很多優美的抒情作品，其中由竹岡信幸（Takeoka Nobuyuki）作曲、西條八十（Saij Yaso）作詞、渡邊濱子（Watanabe Hamako）主唱的〈支那の夜〉（Shina no Yoru），被下令改編成中文版本的〈春的夢〉。百代唱片派了姚莉灌錄這首歌。另外的一首日本譯曲〈蘇州夜曲〉（Soshu Yakyoku）則由白虹來演唱。

姚莉痛恨日本皇軍，但是對於一首好歌，還是無法否定。當她手裡拿著〈春的夢〉的歌譜，知道這是一首很優美的曲子；既然非唱不可，那麼就要把這首歌唱好好地唱，讓日本人聽聽中國人的聲音。

政局動蕩，在仙樂斯演唱，常常都會發生不愉快的小插曲。上海曾經發生一則轟動的舞女被殺事件。舞場的紅舞女陳曼娟，因為拒絕為日本軍人和漢奸伴舞，而被當場槍斃。這宗殺一儆百的慘案，警惕了所有意圖反抗的藝人。

一直以來，姚莉在臺上表演時，都是一件旗袍，一雙高跟鞋的打扮，老老實實，正經八百的唱歌；加上她是專業的唱片歌星，所以都沒遇到過刁難她的客人。

可是有一次，一個漢奸看上了姚莉，邀她下來喝酒。姚莉從不應酬，因此得罪了這個漢奸。漢奸下不了臺，丟了面子，於是惱怒成羞，大鬧舞廳。

眼看事情鬧大了，姚莉的母親挺身而出，為女兒解圍。吳巧寶向漢奸敬酒，說女兒年紀還小，只會唱歌，不會喝酒，希望他大人有大量，不要跟不懂事的孩子計較；然後還找來了幾位漂亮的舞女給漢奸作伴，這件事才算擺平。

兩母女正發愁日後同樣的事件會再發生的當下，所幸人外有人，姚莉被騷擾的事情被更有勢力的另一位漢奸知道了；他也是姚莉的歌迷，對外發布消息，說姚莉是自己罩的人，任何人都不可以給她添麻煩，果然再也沒有人敢騷擾姚莉。

楊子飯店

仙樂斯合約期滿，姚莉母親決定不續約。人身安全是第一考量，擔心隨時會賠上寶貴的生命。第二個原因是謝公子，吳巧寶擔心女兒會再次墮入謝公子的情網，因為他一直都沒有放棄追求姚莉。

不用駐唱的日子，姚莉感到非常快樂，她再也不需要拋頭露面，只需好好的灌唱片，生活寫意極了。然而快樂的日子只過了幾天，她當時事業如日中天，炙手可熱，怎麼能說退出就退出，休息了幾天，家裡便來了個說客。

這個人姓黃，名志堅，是楊子飯店的經理。黃經理為人老實忠厚，是虔誠的基督徒。楊子飯店是他親戚開的，他從年輕就開始幫忙管理楊子飯店，由於老實又勤奮，深得親戚信賴。後來，親戚的兩個兒子對飯店生意沒興趣，他們就把楊子飯店交給黃經理全權負責。黃經理是姚莉的忠實歌迷，她在仙樂斯登臺的時候，他就經常去捧場。他和姚母是朋友，得知姚莉不續約仙樂斯之後，便打算請她到自己的飯店駐唱。

楊子飯店無論規模和級別，都無法和仙樂斯相提並論，但是它卻擁有上海最先進的舞池設備；它的舞池是使用昂貴的彈簧木板建造，這種地板可以讓跳舞的人有「翩翩起舞」的感覺，很受顧客歡迎。

黃經理開出的唱酬也不及仙樂斯，但是對吳巧寶來說，少一點總好過沒有收入。因為自從她推掉仙樂斯的合約之後，發現收入大減。過去姚莉掙來的錢全都落入她口袋，她早已享受慣了。雖然女兒的唱片分紅應付生活綽綽有餘，但是她怎會嫌錢多呢？黃經理的這一紙四年合約，她代簽了。

姚莉又開始她的駐唱生涯。

在楊子飯店駐唱的時候，姚莉感到身體不適，到醫院做身體檢查。報告出來證實她患了初期肺病，需要靠吃藥和休息養病。可是她有合約在身，所以不能拿假。

她隱瞞病情，每天繼續到楊子飯店演唱。身體虛弱的她，好幾次在後臺差點暈倒過去。

黃經理覺得不妥，追問之下才知道姚莉的病情。黃經理二話不說，馬上吩咐廚房每天都為姚莉燉一鍋補湯；還在飯店為姚莉準備了一間套房，讓她長期使用，免除了奔波勞累。

黃經理和姚莉特別投緣，視她如親女兒；他知道姚莉的身世，最後還認了她為乾女兒。在黃經理派人細心照料下，經過休養，姚莉的病痊愈了。

黃經理對姚莉還另有安排，他的大兒子黃保羅就讀於杭州大學，是一個敦厚老實，文質彬彬的大學生。他比姚莉小，但是性格穩重，思想成熟。一次放假回家，父親帶他到舞廳看姚莉表演。兩人初次見面，雙方都留下不錯的印象。

一表人才的保羅深得姚母的歡心，雙方家長都很滿意彼此的兒女，於是就決定撮合這對年輕人。在雙方家長同意下，訂下了這門親事，而兩位年輕人也都順從長輩安排，答應了婚約。

二十五歲那年，姚莉正式嫁給了保羅。

婚後，她退出舞臺，不再拋頭露面駐唱，除了灌唱片，其餘的時間就是在家裡相夫教子。保羅是她的真命天子，兩人是在結了婚之後，才慢慢培養感情。婚後一年，她為保羅生了個兒子黃忠良。

爾後數十年，夫妻倆非常恩愛。有了保羅的愛護，姚莉心中踏實多了。她顛簸一生終於有了停靠的港灣。這種平凡的幸福，正是她渴望已久的幸福。

一年又一年

我們並非相逢在眼前
我們也曾早晚常相見
為什麼不過是見一面頭一點
不能夠情意倆纏綿

心裡分明是長掛念
我有話要說一遍
又怕說出來也枉然
只能夠把話兒咽

我們並非相逢在眼前
我們也曾早晚常相見
為什麼不過是見一面頭一點
就這樣一年又一年

（演唱：楊偉漢。原唱：姚莉，作詞：陳蝶衣，作曲：姚敏）

https://youtu.be/Qi7cQHVL2xo

姚莉與保羅

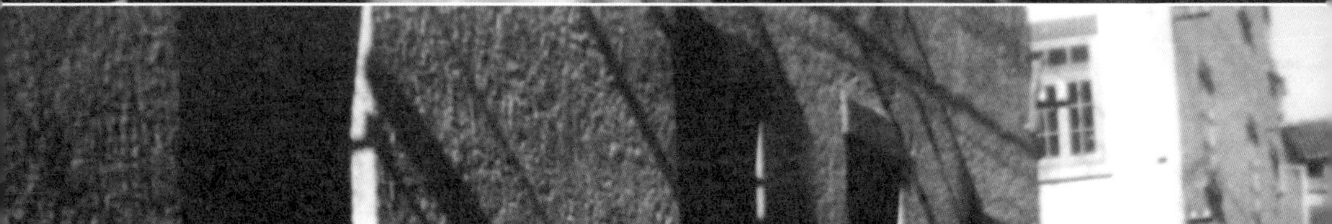

姚莉與保羅

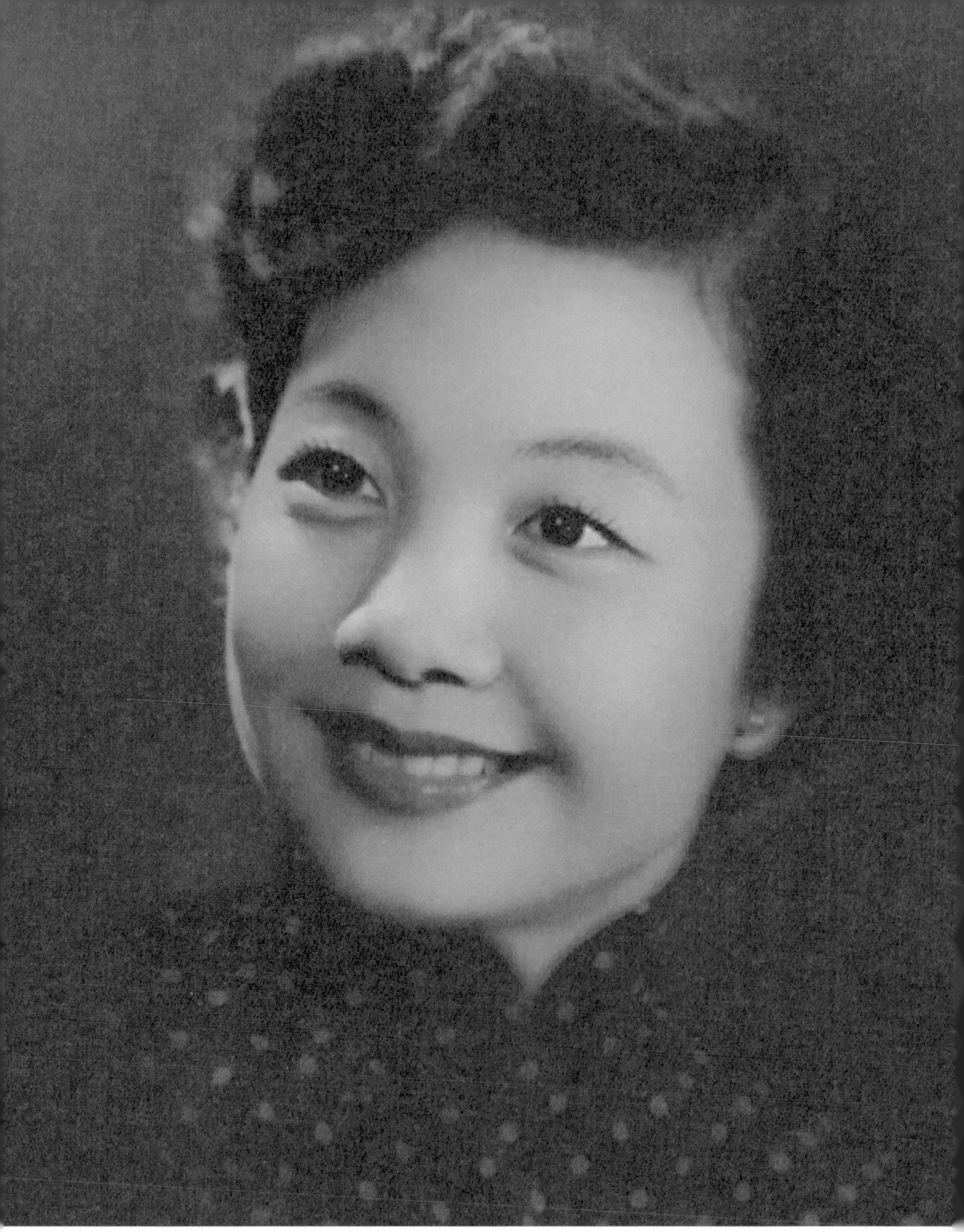

Chapter. 4

紅雨中的玫瑰

夢幻曲

月缺的晚上 夜鶯低聲輕和
片片的荒野翩翩 隨風飄蕩
我回憶夢幻
只覺寂寞彷徨 夢中的人兒你在何方
我要學做山飛海燕 飛到你的面前
我要飛向天涯海角 追隨你的蹤影
我回憶夢幻 只覺寂寞彷徨
夢中的人兒你在何方

（演唱：楊偉漢。原唱：姚莉，作詞：梅翁〔姚敏〕，作曲：姚敏，漢製作提供） ttps://youtu.be/aLh_9UTqAMg

姚氏唱法

一九四五年八月六日美國在日本廣島投擲原子彈，炸毀了日本統治世界的野心。日本無條件投降，戰爭終於結束了。

八年抗戰勝利，上海一片喜氣洋洋。不過，另一場影響力更深遠的國共內戰開始了，中國人依然活在炮火中。

姚莉一心一意投入歌唱事業當中，希望通過音樂的真善美給紛亂世界一點慰藉。

從太平洋戰爭爆發至日本無條件投降，上海百代唱片公司的唱片銷量每況愈下，可是公司依然在市場上奮力掙扎，錄製許多膾炙人口的時代曲。

四〇年代後期是姚莉在歌唱藝術上豐收期，也是她在百代唱片公司灌錄最多唱片的時期。

姚敏逐漸從歌星轉型當作曲家，姚莉成了他音樂上的最佳拍檔。他的作品大部分都交由妹妹演唱。這個時期，兄妹倆熱衷於創新。

姚敏一直認為妹妹必須做出改變，不能一直用當時上海女歌星們慣用的假音，要嘗試混合真音唱歌。他們不斷接觸外國音樂作品，發現黑人和白人唱歌大都使用自然的聲調發音，比較注重感情多於技巧。

姚莉隨著年齡的增長，聲線愈漸成熟。她認真看待哥哥的建議，一改嬌滴唱法，感情投入一直都是她的強項，這跟她天生單純直率的性格有關；很容易就把真感情融入歌裡。

姚敏在編曲上，大量採用爵士和藍調節奏元素；兩兄妹開創了「姚式」唱法。

姚式的唱法有自己的律動和對旋律的處理特色，脫離了一板一眼緊隨拍子的形式；她會根據歌詞內容所需表達的情緒，來作為拍子律動的基礎。也就是說，不一定要強調或緊隨重拍，音樂和歌聲就像在同一條大道上行走的路人一樣；有的腳步快、有的腳步慢，但還是沒有離開大道的範圍，在快慢分別中找到共同和諧的步伐。

掌握節奏一直以來都是東方人唱歌的弱點，可是兄妹倆在這方面投入了很多心血，所以唱起重節奏的歌曲毫不費力。

姚莉對旋律的處理，也有自己的一套。她經常在原來的旋律裡加入裝飾音，把原本的曲子變得更豐富。簡單的旋律，由她來唱就會變得不一樣。至於歌曲重複的段落，她會用略微不同的方式處理，使人聽起來每段都有變化。

經過白虹的調教之後，姚莉的發音變得字正腔圓。可是標準咬字只是基礎，關鍵是如何把字咬得悅耳動聽，適合自己的聲線；更高的層次是輕重的拿捏。如何隨著歌詞的意境，感情的抒發，用文字生動的表現出來。

總歸來說，姚式唱法的竅門就是投入真感情。對姚氏兄妹來說，技巧再好，沒有感情是絕對感動不了人。

姚敏的作品極富流行時尚的品味，和他老實的個性形成強烈對比。姚莉每次拿到他的新歌歌譜，都會讚歎，怎麼也想像不出這位看起來更像生意人的哥哥，居然寫出像〈黑天堂〉、〈得不到的愛情〉、〈帶著眼淚〉等等西洋曲風的歌曲給自己。

而這些歌曲，在當時可是走在中國流行樂前端的摩登歌曲。

紅雨

內戰時期，全中國在風雨飄搖中，上海不像孤島時期可以幸免於戰火，時局動蕩，唱片的銷量每況愈下。因為戰爭，做黑膠唱片的原料正好也可以用來製作武器，導致原料供應不足，提高了唱片的成本。百代唱片公司也如當時的中國政府，搖搖欲墜。

一九四九年五月二十七日，在共產黨解放上海前一個月，百代唱片就以銷售成績不佳，公司業務無法繼為理由，對外宣布停業。公司的這項決定，對當時的唱片歌星和音樂人來說無疑是晴天霹靂，一夜之間，他們全失業了。

解放後的上海，大街小巷響起了充滿激情的愛國歌曲。〈東方紅〉、〈我的祖國〉、〈草原上升起不落的太陽〉把整個大上海的音樂世界染成紅色。這個曾經被譽為東方好萊塢；華語流行樂的發祥地，成為打擊時代曲刑場。

原本是受人愛戴和追捧的時代曲，一夜之間眾叛親離，解放軍為它們打上「靡靡之音」、「黃色歌曲」的標籤，它被狠狠的打入地牢，從此不見天日。

時代曲和上海租界那一段風華絕代的輝煌歷史，從此銷聲匿跡在大上海。

百代唱片公司的歌星和作曲家，成為被抨擊的對象，社會主義激進分子認為他們引人墮落、應該被打倒和鏟除。

姚莉和姚敏都擔心自己會成為被清算的對象，上海已經不是他們的樂園，他們失去工作，前途茫茫。一直以來，兄妹倆對解放後的新中國寄予無限期望。他們就像無數的中國老百姓一樣，盼望著祖國早日強大，從此不再受列強欺淩。

原本以為歌唱是為了分享愛、傳達愛的姚莉，對眼前的局面，除了無奈和感歎之外，就只能夠默默向上帝禱告。

已經成家的姚敏帶著母親和妻兒，在友人的協助去了香港。隨後，姚莉的丈夫黃保羅和弟弟，因為曾為國民黨服務過，所以也必須盡早離開上海到香港去。隨行的家翁黃經理，由於不忍將老幼婦孺留在上海，在火車開出前，跳躍下車來，要和家人共進退。暫時還留在上海的除了姚莉和黃家十多口人之外，還有姐姐秀英，她隨丈夫選擇留在上海，哪裡都不去。

姚莉是名歌星，「成分」不良，本該早些離開上海，但是她堅決要留下，讓家裡的男人們先離開。她認為自己雖是名人，但作風低調，「姚莉」只是個藝名；她已恢復「秀雲」的身分，加上她平時待人好，左鄰右舍都維護她，暫時還算安全。姚莉最擔心的還是自己的家翁，他是上海著名楊子飯店的經理，背著腐敗的「資本主義」標籤，遲早要受牢獄之災。在她苦苦勸說下，黃經理才萬般不捨地再搭上前往香港的火車。

可是火車走後，姚莉卻看到他站在月臺上。他又留下來了。

家翁是家裡的支柱，憂心忡忡自己離去後，媳婦一個人要扛起全家十多人生活重擔，他狠不下心離去。姚莉知道家翁留在上海等於坐以待斃，等人來把他抓走，要保命，他必須離開。

「爸，您要相信我，我一定會盡我所能保護這個家。但是如果您選擇留下，有什麼三長兩短，這個家要怎麼維持下去？您走了至少還有一個活著的希望。這個希望就是給我們堅持的力量。您要相信，我們一定會在香港團圓。」

說完，翁媳倆相擁而泣。

黃經理又上路了，他把所有的錢留給家裡，自己只拿了一點路費。

火車臨走前，黃經理句句叮嚀：

「我離開後，這個家就只靠妳了。記得無論多艱難，妳都要想辦法把所有人都帶到香港去，一個也不能留下。這事可真苦了妳。」

黃經理哽咽得說不出話來，只能緊緊地握住姚莉的手。

在亂世，每一次道再見，很可能永不再相見。

他們情同父女，這次送行如骨肉分離般難受。

火車啟動了，姚莉送家翁上了火車，在汽笛聲中揮手道別。火車消失了，月臺上也看不到公公的身影。她手中緊緊握著家翁留下地址。從今天起，她一定要竭盡所能，保證把全家人帶到這個陌生的地方香港。

到香港需要申請通行證。姚莉為了辦通行證，三天兩頭就往公安局裡跑。因為她要申請的人數太多，引起了當局的懷疑，所以遲遲都沒有批准她的申請。

他們就這樣一天延一天，過了一年之後都還沒得到批准。她急得哭了一次又一次，但還是無補於事。當局懷疑他們是有意圖「逃」到香港，卻又找不到證據，黃家上下只有婦人與小孩，不可能是造反分子；唯有一直拖延時間。

這一年來，她和身在香港的親人完全斷了聯係。不是通訊不方便，而是為了避免讓人懷疑她和外界私通，當時盛傳所有的往來信件都會先被審查，她不敢和香港的親人有任何書信來往。萬一不小心給人發現她是「姚莉」，那就更麻煩。

時間拖得越久，姚莉就愈心急。後來聽人說，如果把房子當作抵押保證，來證明自己會回來上海的決心，那麼當局就會批准通行證的申請，她馬上照著做了。

單位負責人到她家裡來巡視，把她家裡的物件一一地做了記錄。然後對她說：

「妳的這些私人財產，只是暫時交給國家保管。等妳回來的時候，我們就會將它還給妳。這是妳家裡的財物列表，妳要好好的保管。」

說完就交給她一份文件，要她在上面簽名。

姚莉就這樣拱手將自己在上海愚園路的房子交給了國家，她曾經一度以為這房子是自己一生的避風港，就算戰火延綿，這裡都給了她最安全的庇護。如今來到和平時代，自己卻要離開這所老房子，滿懷感傷。

得到通行證，姚莉還要煩惱金錢。這一年多以來，為了解決十多口人的日常開銷，家翁留下的錢不到半年時間就已經用花光了。家裡能賣的東西全賣了，還有什麼辦法找錢來買火車票？

走投無路的時候，家裡來了一位貴人李阿姨。她是母親的朋友。在上海做電器買賣的生意，家境富裕。她即將隨丈夫遷到臺灣去，聽人說起姚莉的處境，特地來看看她。不等姚莉開口，李阿姨便遞了一百美金給她。姚莉看著手中的錢，感動得哭了。李阿姨雪中送炭，解決了她的燃眉之急。但對李阿姨的恩典，她無以回報。

錢解決了一切困難，臨走前那一晚，她睡不著，一個人坐在家裡，為上海這個家做最後的巡禮。家翁留給他的香港地址，她已倒背如流，心裡卻毫無頭緒，失聯一年多，保羅和家翁還好嗎？香港是個什麼樣的地方？前方迎接自己的是什麼？這個家還能再回來嗎？

那天，上海的夜好寧靜，沒有槍炮聲，沒有歇斯底裡的口號吶喊聲。彷彿又回到她少女時期的舊上海，在黎明之前，她想再感受一下，她熟悉的夜上海，再多看看這美麗的城市一眼。

香港，近了

一九五〇年秋。秋風蕭蕭，細雨濛濛。

姚莉抱著兒子和夫家十口人來到了上海火車站，她們好不容易才擠上火車。車廂內早已擠滿乘客，有一位好心人，見姚莉手抱著孩子，把位子讓了給她。

人間還有溫情，她想，前路應該是光明的。

汽笛聲響起，火車開動。從車窗內看到徐徐掠過的景象，就像是一幕幕的往事向她揮手道別。千愁萬緒湧上心頭，眼淚不知不覺地落下。

「再見了，上海！」

從上海乘火車到香港，需要三天的時間，途經廣州換車，再由深圳入境香港。這一路上姚莉都不敢闔眼，全家人輪流守夜，害怕帶來的行李被偷走。火車一路顛簸，兩天後，抵達廣東火車站。他們下站換車，順便吃點東西。可是他們只剩下一點點錢，當一家人又餓又累的經過了一家叉燒飯舖時，撲鼻而來的燒臘香讓他們不約而同地停下了腳步。

這幾天來，她們吃的都是自己帶來的饅頭加白開水，味覺早已淡得不行了！這叉燒香味不禁讓人精神為之一振。姚莉看了看管財政的小叔一眼，只見他馬上低下頭，掏出一個布袋，仔細往裡頭數一數，然後高興地舉起了拇指。大夥開心的不得了，馬上往店裡一坐，每人要了一碟叉燒飯。端上桌的叉燒飯少得可憐，吃完了都沒有三分飽。這卻是她這一年來最美味的叉燒飯。吃了飯，大家又上車準備前往深圳。

香港，近了。

愈靠近香港，姚莉就愈感到不安。當時港英當局宣布實施「移民統治法例」，開始限制內地群眾進入香港。非廣東籍居民不能只憑內地通行證進入港，最低限度需要會講廣東話。她夫家祖籍廣東，全家人都會說廣東話。入境香港應該不會有問題。但是自己上海人，只會說上海話，極有可能會被拒絕入境。

她突然有種不祥的感覺，心想如果自己被拒入境，那麼就只剩下她和懷裡的孩子留在大陸了！若是真的，接下來她該怎麼辦？她要何去何從？上海肯定是回不去了，難道只有一條路可走？想到這裡，她難保自己不會做傻事！這時候，懷裡的兒子醒來了。睜著大眼望著她，伸出小手去碰她的臉頰，她緊緊地抱著兒子，心裡有了活下去的勇氣。

終於抵達香港海關入境處。長長的人龍都在等著過關卡，香港就在咫尺，它是大陸人投奔自由的夢土。

海關人員很仔細地打量著每一個入境的人，除了檢查通行證，偶爾還會問上幾句。有的人順利過關，有的則被揪出來推到一旁。那些被推到一旁的人，有的在著急，有的在一旁哭。她看在眼裡，緊張得不停冒冷汗。

終於輪到她了。海關人員看了看她和懷裡的兒子幾眼，然後把通行證還給她。正當她要跨步往前的時候，海關突然伸出手擋住了她的去路，然後用廣東話盤問了她幾句。

她整個人傻住了！她根本無法回答。海關人員見她不懂廣東話，當場就拒絕讓她入境。姚莉抱著兒子急得哭了，這情景正好給一位英國長官看見了，他即刻走過來開聲責備：

「像她這麼一位婦人，手裡還抱著嬰兒，你怎麼可以這樣粗暴對待。你難道沒有一點兒同情心嗎？快讓她過去。」

海關人員不敢怠慢，馬上讓姚莉過境。她就在這位英國貴人的協助下，正式踏上香港的土地。一踏出了海關，姚莉就看見前方有兩個人影正向著自己的方向飛奔過來。他們正是她朝思暮想的保羅和家翁。

原來，這一年多以來，由於斷了與上海的聯繫，保羅和家翁每天都會到火車站，風雨無阻，盼望火車停站時，看見她帶著全家人下車的場面。他們一共等了五百多個日子！皇天不負苦心人，他們一家終於團圓了！

卸下了沉重的負擔，姚莉只覺眼前一暗，腿一軟，整個人昏倒在地。

姚莉與保羅

姚敏和姚敏在啟德機場

姚莉全家福

Chapter. 5

玫瑰飄香

森林之歌

月兒明明如鏡夜色如冰
這裡沒有一點溫馨
這裡沒有一點愛和情
水兒流不停游相依浮萍
我要彈著吉他輕輕
我把歌聲傳遍叢叢森林
野火兒熊熊　煙霧兒濛濛
我只有茫茫無從難入夢

（演唱：楊偉漢。原唱：姚莉，詞：洪流，曲：姚敏）

Https://youtu.be/GsU_0YQ94eM

重生

心力交瘁的姚莉到了香港之後，昏睡了七天七夜之後才甦醒過來。她睜開眼睛，發現自己在一個完全陌生的小房子裡。

黃家十多口人全擠在這小房子，睡房和客廳都擠滿了人。家裡沒有什麼家具；所謂的床，只是幾張板凳拼湊在一起，上面加一塊木板，僅供臥躺休息；這麼簡陋的設備，與上海愚園路的房子相比，簡直就是天淵之別。

黃家的生活非常清苦，對於姚莉來說，並不算什麼。她小時候經歷過生活的磨練，曾經無家可歸，寄人籬下；對於物質享受，她向來沒有什麼奢求，在上海走紅的時候，所有收入都交給母親，自己還是樸實的過日子。

嫁給黃保羅之後，姚莉才感受到家庭溫暖，尤其是在中國解放初期，他們一家人患難見真情，兩地相隔，千辛萬苦，百般曲折，才得以團圓，家人之間更親密。哪裡有家人，那裡才是家，這簡陋的小房子還是充滿溫馨與關愛。

香港對姚莉而言，既陌生又有趣。

語言是她的障礙，這裡是廣東話天下，很少聽得到她熟悉的普通話和上海話，她一句廣東話都不會說，哪裡也不敢去，出門購物都很困難，連買菜的工作都由保羅負責。自己在家做點家務事，生活雖然單調，卻也輕鬆自在。後來，她認定了香港是她久居之地，開始認真地學習廣東話。

姚莉用唱歌的技巧來學廣東話，從聽不懂到順口溜，用的時間並不長。甚至後來，她的廣東話講得非常好，一點都不帶上海口音。不知情者，還以為她是香港人。

在香港，姚莉也和哥哥姚敏團聚了。

時局變遷，所有的上海藝人都南遷至香港，除了姚敏，大歌星如周璇、白光、張露、李麗華、梁萍，還有百代唱片公司的舊同仁，如陳歌辛、李厚襄、梁樂音、陳蝶衣、李雋清等，也都紛紛來到這個小島上。他們被情勢所逼，也期待英殖民地香港能夠取代當年法租界時期的上海，成為東方的好萊塢。

只是，一切都從零開始，大家都在琢磨適應新環境，對於未來，心裡根本沒有底。

姚莉來到香港的消息被一些圈內人知道了，大家都試著打聽她的下落；後來是同在上海百代時期的名作曲家李厚襄，他找到了姚莉。

李厚襄、姚莉、姚敏、陳歌辛、黎錦光和白虹，在上海的時候已是非常好的朋友。他們經常在一塊玩。那時候，李厚襄就曾經追求過姚莉。黎錦光還時常有意無意的充當月老牽線。吃飯的時候，總會讓李厚襄坐在姚莉身邊。姚莉對他沒有特別的感覺，只把他當作普通朋友一般對待。日子久了，郎有情妹無意，於是就刻意的保持距離。她把困擾告訴了白虹姐姐，後來每次吃飯，白虹姐姐總是會夾在她和李厚襄之間，築成一道保護牆。

一九四九年，李厚襄和弟弟在香港成立「大長城」唱片公司，由李厚襄擔任首席作曲家兼製作人，延續了海派歌曲的風格，為當時以粵曲為主的香港帶來了一股清流。

當年追求不遂，李厚襄對姚莉還是特別的關照，力邀她合作。正在為工作發愁的姚莉，為了生活，也為了友情，就答應了。

陳歌辛南來香港時，也曾和大長城合作過。在它的旗下發表〈山歌〉、〈向王小二拜年〉等多首作品。可惜後來，他被身在上海友人的遊説成功，帶著一顆愛國之心回到上海，擔任昆侖電影製片廠作曲家。一九五七年在反右運動中，他被鬥成了右派，被送往安徽白茅嶺農場勞動。不幸在三年的自然災害中，因饑餓死於當地。

姚莉知道這件事之後傷心了很久，這麼優秀的一個音樂才子，怎麼就落到這麼一個下場？據説連屍體葬在哪裡也無人曉得。對於他的下場，姚莉感到無限淒涼，悲從中來，只能在陳歌辛寫給她的歌裡，緬懷這位永遠的音樂知己。

她的偶像周璇本來也在香港拍戲，後來拍了幾部戲也回去了上海。自此之後，就再也沒辦法離開上海一步，直至後來因憂鬱而病逝。走完了她那短暫且精彩的三十五歲年華，留下了永不磨滅的歌聲。

對於恩師嚴華、白虹姐姐、黎錦光，他們在上海的處境，姚莉一無所知，她只能祈求他們都可以平平安安的過日子。

一九五二年，百代唱片公司在香港重整旗鼓，重新召回上海時期的眾多音樂人和歌手。姚莉、姚敏等人知道消息之後，雀躍不已。長久以來，大家始終緬懷在上海時期締造的輝煌時代，無奈戰亂和動蕩不安的政局摧毀了這一切，如今香港是太平盛世，南遷的中國人努力於此重建家園。

本來英國的百代公司想要把華語樂壇的基地建設在新加坡，但是後來得悉上海的樂壇精英大多遷徙到香港才改變了初衷，把陣線轉移到香港，香港樂壇從此走進了一個輝煌的年代。百代的經理汪小姐，親自拜訪了姚莉和姚敏兄妹，並開出了可觀的合作條件；兩方達成協議，簽下了合約。兄妹倆從此正式回歸百代懷抱。

財宏勢大的百代唱片來了，遭殃的是大長城唱片公司，終於大長城在一九五六年被迫結束營業。

（上圖由左到右）香港 EMI 經理、姚莉、國際 EMI 總裁、汪淑衛、姚敏。
（下圖）EMI 聚會，姚敏、陳蝶衣、唯秀嫻、服部良一、張露、姚莉等人。

（上圖）？、師徒明、電影製片王龍、逸敏的男友、百代錄音師、陳蝶衣、（下排）保羅、姚莉、葉紅、姚敏、汪淑衛、逸敏。

（下圖）左三起，姚敏、李香蘭、汪淑衛、姚莉等人。

〔編註：因年代久遠，有些人名姚莉已無法確切記起，以「？」代之〕

玫瑰飄香

一九五一年，美國男歌星弗蘭克・萊恩的（Frankie Laine）翻唱了姚莉在一九四一年在上海灌錄的〈玫瑰玫瑰我愛你〉。

這是第一首被譯為英文歌曲的華語歌曲，〈Rose, Rose, I Love You〉在美國和英國皆大受歡迎，榮登美國告示排行（Billboard）流行榜亞軍位置。後來還乘勝追擊發行了一張特別版唱片，同時收錄了弗蘭克的〈Rose, Rose, I Love You〉和姚莉的〈玫瑰玫瑰我愛你〉。

外國的聽眾被姚莉的歌聲吸引，英國百代唱片公司抓緊機會，派人到香港找姚莉洽談海外發展計劃。英國百代清楚列明，會幫姚莉舉辦一系列的宣傳活動和出唱片的計劃。

這本該是一件值得慶祝的大事，可是這個時候的姚莉剛剛有了身孕；身邊有一些聲音勸她不要錯失良機，勸她把孩子墮掉，說：

「妳還年輕，應該以事業為重。這可是千載難逢的機會，目前還沒有人可以到西洋樂壇發展，妳可是第一人。妳這一去，肯定身價百倍，名利雙收。生孩子的事來日方長，不如把這孩子拿掉吧。」

姚莉卻不為所動，她一向不執著名利；二十五歲的時候，她名氣如日中天，結了婚，為了家庭，毅然退出表演舞臺，專心做唱片歌星，已經把金錢拒於門外。

如今站在名利和小生命的抉擇路口，姚莉選擇推掉英國百代公司的邀請，好好安胎。她知道這是絕無僅有的好機會，可是肚子裡的親骨肉，比自己的生命還重要。

為此，姚莉錯失了到西方國家的發展機會，卻得到了一個孝順乖巧的女兒黃愛蓮。

失聲

年輕時的姚莉操勞過度，健康一直都不太好；加上她長期不停奔波，所以在女兒出世不久後，她忽然覺得喉嚨有點不舒服。剛開始她還以為只是一般的聲帶發炎，這狀況對於歌手來說，等於是家常便飯，無需大驚小怪，只要休息幾天就可以了。

可是一個、兩個、三個星期過去了，她的聲帶還是疼痛，而且有越發嚴重的傾向。她覺得事情不妙，開始擔心了；看了很多醫生，吃了很多藥都不見好轉，最後竟然啞了！

姚莉長期以來都有鍛練嗓子的習慣，不曾中斷。可是現在連一個單音都發不出，她慌了，覺得天塌下來了！這晴天霹靂的噩運，使她感到沮喪無助；她覺得自己的歌唱事業可能就此完結！她遵守醫生的建議，好好在家裡休養，但是依舊沒有好轉。可是愈擔心情況就愈不妙，狀況愈來愈糟糕。如此持續好幾個月，她感到無比絕望。想想自己好不容易才從種種困難中，盼到一絲重新的希望，卻在這個時候給了她重重的一擊。她每天只能禱告祈求奇蹟會出現，也做了最壞的打算，從此退出歌壇，好好在家照顧家人。

一天早上，在露臺前，她看到五歲的兒子正跪在那裡，誠心的禱告：

「請保佑媽媽，讓她的病快些好起來。如果媽媽不能再唱歌，那麼我們就會很傷心；媽媽也會很傷心。只要媽媽的病好起來，我一定會好好聽話。」

站在兒子身後，姚莉忍不住掉下了眼淚。兒子才五歲，怎麼這麼懂事？她心裡滿懷安慰，想著自己如果就這樣放棄，怎麼對得起兒子，家人和歌迷？所以必須得堅強面對，要找出一個復原的方法；絕對不可自暴自棄，一定要振作起來。她為自己許下了一個承諾，無論如何，都不可以輕言放棄。

從那一天起，姚莉每天早上都堅持練習發聲，哪怕是沒有聲音，她也依舊堅持鍛鍊，風雨不改。日子一天一天過，她依舊堅持著，但也依然發不出聲音。

過了幾個月，有天在她練習的時候，忽然聽到自己發出了一句響亮的聲音。她停了下來，不確定是否聽錯了？她再深深的吸了一口氣，戰戰兢兢地繼續唱下去。

姚莉感覺到聲帶裡好像有一道堵住的門被打開來，聲音從喉嚨溜了出來。她不敢相信自己的耳朵，已經好幾個月沒有再聽到自己的聲音，這一刻就好像遇到了久別重逢的自己一樣，她喜極而泣。這失而復得的歌聲，如同她生命的重生。

在她虔誠的禱告和永不放棄的努力下，奇蹟終於發生了。

陽光灑在了露臺上，把她生命的陰霾驅散。她終於看到了希望的曙光。

蛻變

塞翁失馬，焉知非福？久病初癒的姚莉，聲音變得淳厚有力，愈發磁性。早期在上海的她，高亢的聲音像是展翅高飛的鳥兒，穿越高山雲霧，朝氣活潑；如今在香港，她的歌聲像經歷烈日風雨捶打，浴火重生的玫瑰；深情且沉穩的嗓音，娓娓道盡人生中的千愁萬緒。

姚敏替姚莉重獲歌聲感到雀躍，也認真地思考分析妹妹的聲線變化。對他來說，現階段的姚莉最適合唱一些有深度情感和節奏分明的歌曲。尤其是她的中低音域比以前淳厚有力，絕對是一個優勢。姚莉可以改變歌路，他自己也可以嘗試寫更多不同風格的曲子給妹妹唱。

早在上海時期，兄妹倆就很喜歡國外的音樂；從姚敏在上海的「大光明戲院」擔任帶位員時，兄妹倆就不斷吸收國外的電影和音樂。他們不止幾次討論過要改變音樂的方向，不應侷限只唱傳統小調，應該做多方面的嘗試，創造出更不一樣的曲風。姚敏在上海四〇年代後期，已經嘗試寫了許多帶有爵士和藍調風格的曲子。姚莉唱的〈得不到的愛情〉，就是經典的爵士流行曲風。後來兩人還各自取了英文名字：姚莉叫 Nancy ；姚敏叫 Jimmy。

從此，她用心參考了許多當時很流行的外國音樂，特別是黑人歌手。在眾多的歌手當中，她尤其喜歡佩蒂佩姬（Patti Page），她音色和音階和自己最接近。佩蒂佩姬的歌聲感情內斂豐富，真假音的轉換自然流暢，和姚莉現階段的聲音很接近。兄妹倆一直都認同，唱歌要愈回歸接近自然愈好。這樣的唱法可以讓歌聲中的感情更透明清晰，自然就會更容易打動聽者的心。

姚敏替妹妹選了一些很棒的英文歌，尤其是佩蒂佩姬的歌曲，將它們填上中文詞，交給她重新演繹。姚莉不負哥哥對她的期望，把這些譯曲唱出自我風格，一點不比原曲遜色。

姚莉重新走入了錄音室。她擔心著自己蛻變的嗓音，還能不能回到知音滿天下的全盛時期。唱片錄制完了之後，姚敏對妹妹的表現非常滿意。可他就是個木納的人，不太會表現。他一般在錄音進行時，會把眼睛閉上。如果錄音的整個過程，他都一直閉著眼睛，那麼就表示已經過關；如果他忽然睜開眼睛，就表示需要重來。姚敏對妹妹的唱功信心十足，從來就沒有任何意見。甚至認為妹妹和他心靈相通，常常將他的作品唱出他想要的感覺。如果姚莉拿著他的譜徵求他的意見時，他總是會抛出類似這樣的話：

「妳就照自己的意願唱吧！反正到時候妳一定會把它唱好的。」

每當聽到這樣的話，姚莉總是會沒好氣地看著哥哥。他真的只有對妹妹特別的信任，別的歌手，他都需要耐心的指教，但他從來不發脾氣，得到很多人的尊敬和愛戴。

姚莉的顧慮是多餘的，因為唱片推出後，即刻掀起了搶購熱潮。「姚莉」的名字依舊響亮。她翻唱過的英文譯曲，紅遍了整個市場。歌迷們繼續擁護姚莉，對於她的轉變給予高度評價。

她唱過的譯曲，如〈舞伴淚影〉、〈往事似雲〉、〈夢裡的新娘〉、〈愛情的魔力〉、〈大江東去〉等等都成為了不朽名曲。

有趣的是，從來都不會有人將她唱過的版本和原版作比較。反而是她唱的版本成為了流行的指標，許多的華人聽眾是因為聽了姚莉唱的譯曲版本，才對原唱者有了認識。

除了翻唱的譯曲之外，姚敏為姚莉寫的歌曲同樣大受歡迎。他大量創作出有中西混合特色，又別於傳統東方音樂格調的曲風。尤其是姚敏寫給她的快板歌曲，成為了在香港的英國人舞池裡少數被播放的華語歌曲。

在那個年代，香港深受英國文化影響，很多人都在聽英文歌曲。和上海的人一樣，洋人的玩意兒才是流行時尚的象徵。姚莉的歌曲可以在以英文歌曲為主的舞池裡大大的流行，是罕見的例子。這個時期的香港樂壇，尤其是姚敏的製作班底，大多數都是菲律賓人。他們從小就接受英語歌曲的薰陶，對於這一類「洋派」風格早已駕輕就熟，演奏起來也特別投入。

姚莉的「新姚式」唱腔，再度成為大家爭相模仿與學習的對象，影響了許多的後起之秀。嫵媚中不失東方女性的矜持；深情裡隱藏著東方女人的含蓄，這種特質是西方歌手所欠缺的。

姚莉得到了樂壇裡無人可及的成績；同樣一個人，卻擁有兩把截然不同的嗓音；一個在三、四十年代的上海發光；一個在五、六十年代的香港發熱。

尤敏和姚莉

逸敏和姚莉

Chapter. 6

綻放的玫瑰

人生就是戲

人生就是戲，演不完的戲
有的時候悲，有的時候喜
看戲的人兒最呀最稀奇、最呀最稀奇
陪著淌眼淚，陪著笑嘻嘻
隨著劇中人，忽悲又忽喜
完全忘卻他呀他自己、他呀他自己
要是你比一比，誰演的最賣力
只怕那演員反而不如你，
看戲的人兒個個是戲迷
恰恰恰、哎呀呀呀
人生就是戲，演不完的戲
有的時候愛，有的時候氣
看戲的人兒個個是戲迷、個個是戲迷

（演唱：楊偉漢。原唱：姚莉，作詞：秋蕙〔陳蝶衣〕，作曲：姚敏）

https://youtu.be/dh9MbqplaE8

鐵三角

一九五六年，香港「新華」電影公司準備拍一部歌舞片「桃花江」。找來了姚敏做配樂，姚莉主唱，陳蝶衣作詞兼編劇，由鍾情主演。

話說，起初當電影公司先找姚敏談有關計劃，他們希望姚敏可以幫忙說服姚莉加入擔任幕後代唱。這個概念在當時來講，是頗為大膽的嘗試。雖然姚莉和哥哥看過很多外國的音樂電影和音樂劇，對這一類型的歌唱電影有概念，可是他們接觸的都是演員自己唱的，並不知道有幕後代唱這一回事。姚莉心裡有一點擔心，不知道出來的效果會不會讓觀眾接受？他們會不會覺得受騙？但因為有哥哥和陳蝶衣的參與，她還是答應一試。

姚敏為電影一口氣寫下了十二首歌曲，主題曲是改編自黎錦暉的〈桃花江〉，其餘的全都是姚敏的原創作品，所有的歌詞都由身兼編劇的陳蝶衣一手包辦。

這是一部低成本的製作，主要標榜的還是兄妹倆合作的歌曲，所以在電影開場的螢幕上，姚莉和姚敏的名字比主角還要大。

在電影還未開拍之前，錄音就已經先開始進行了。因為製作組要在音樂部分完成之後，才正式開鏡。他們會將姚莉唱的歌曲，拷貝一份給主角鍾情，讓她先熟悉歌曲後才進棚拍攝。

鍾情是一個非常認真的演員，她在姚莉錄音的時候，提早到錄音間觀察她唱歌的表情和神韻。後來，她還將姚莉錄音的實況拍下來，回家後慢慢的研究，電影開拍時，她已經非常熟練，所以拍攝起來毫不費勁。

後來姚莉看試片的時候，驚訝鍾情的口型竟然對得那麼準確，甚至連呼吸的細節也掌握得微妙微俏；就連她本人也懷疑是鍾情自己唱的，可見鍾情確實下了不少的功夫和努力。

「桃花江」一舉成功，後來鍾情的電影都由姚莉幕後代唱，觀眾完全接受兩人的聲影結合。這樣的配搭，彌補了歌迷們看不到姚莉登上大螢幕的遺憾，卻又留給了觀眾一個想像的空間。「桃花江」取得了空前的票房成績，從香港紅遍了臺灣和東南亞，掀起了拍歌舞片的熱潮。姚敏、姚莉、陳蝶衣三人從此被譽為「樂壇鐵三角」，三人的合作就是票房的保證。它將姚莉和姚敏的事業推向另一個高峰，他們全情投入歌唱事業，唱片一張接一張，電影一部接一部，不曾中斷。

自從「桃花江」成功之後，新華電影公司的老闆張善琨，決定再接再厲，繼續和鐵三角合作，鍾情自然也成為了每一部新戲的主角。

鐵三角私下的交情很好。在樂壇，大家都很尊重陳蝶衣，都稱他為「蝶老」。可是姚莉和姚敏都用上海話稱呼他「大啊哥」，也就是大哥的意思。蝶老很疼惜姚莉，把她當作女兒看待，沒有工作的時候，他經常會和兄妹倆一起吃飯聊天。

陳蝶衣和姚敏默契十足，不喝酒的他，偶爾也會陪姚敏到酒廳；姚敏喝酒，他喝咖啡，靈感一來，姚敏馬上拿出筆，把口中哼出的旋律記錄下來，把簡譜遞給蝶老，他馬上就會在同一張紙上填填寫寫，之後一首新作品就誕生了！〈花生米〉這首歌就是在這樣情境下寫成的，兩人的合作有時候已經不需要言語傳達。

姚敏的手錶

香港的流行樂市場逐漸擴大，大量需求歌曲作品，有名氣的作曲家並不多，姚敏是多產的作曲家，但也供不應求。邀歌不斷給他增添不少壓力，他幾乎每幾天都得交一首作品，人們對他的作品寄予厚望，因此壓力更大，他經常為了尋求靈感而苦惱。

每當他感到不開心的時候，他會找姚莉聊天。妹妹是唯一一個可以理解他的人，姚莉不喝酒，每一次和哥哥出去，她都會在一旁聆聽酒後吐真言的哥哥發發牢騷。

姚敏名氣愈響，菸酒就愈厲害。姚莉看在眼裡，疼在心裡。明知哥哥生活苦悶壓力大，只能靠這樣方式紓解心情。

姚敏手上的錶，經常都會不翼而飛。每當看到哥哥手中無錶的時候，姚莉就會心一笑，知道哥哥一定又將手錶送給窮苦人家了。

姚敏經常都會獨自一人到街上喝悶酒，有時候遇見苦力工人，就會把他們叫過來一起喝幾杯。他會問他們當天的收入是多少，然後就掏錢送給他們，條件是對方得留下陪他喝酒。不必做工，又有酒喝，姚敏可是苦力們的好朋友。窮人家沒有機會聽歌看電影，很多都不知道姚敏的身分，只知道這個人很善良，很大方。

姚敏貧苦出身，對窮人家特別同情，但他的收入全交給家裡，通常他口袋裡沒有什麼錢，如果有人看上了他的手錶，他就會脫下來送給他們；所以他的手上常常會光溜溜的，沒了手錶。

姚敏

新馬遊記

一九五六年開始，姚敏夫婦經常一起到世界各地去一邊遊玩、一邊學習。所以在姚敏後期的作品中，有歐洲、東南亞和其他國家風味的曲風，這些歌曲記錄下姚敏走過世界的足跡。

一九六〇年代，姚莉和姚敏在遠嫁新加坡的屈雲雲邀請下，來到了馬來亞。由於盛名所負，他們倆被安排接見了不少社會名流，每天都有出席不完的飯局和拜訪，讓兩人的遊興大減。

兄妹倆感到很不開心，但是人生地不熟，根本沒辦法脫身。

後來，歌唱家田鳴恩得知姚敏來到了新加坡，立刻和他聯繫。在他的安排下，兄妹倆第一次來到馬來亞的新山。

在新山接待他們的是個年輕人黃永強，他是田鳴恩的學生，他特地租了一輛車子，安排兩人從新山到馬六甲、吉隆坡一直到檳城的旅程。貴為巨星的兄妹倆毫無架子，非常親切。

他倆最喜歡美食，一路吃，一路玩，好不開心。

每停一處，就會和當地居民打成一片。只要大家有所求，他們就會現場即興演唱，他們還試過被村民邀請到村裡的禮堂，用鋼琴伴奏演出。

這就是姚敏和姚莉，只要大家開心，他們也就開心。

可是由於一路上的旅費都讓年輕的永強預付了，為此大方的姚敏一直耿耿於懷，他不願意讓別人來承擔自己的旅費，況且對方還是一位在學的學生。於是在馬六甲的時候，他們決定打道回府，結束了馬來亞之旅。

姚莉現在還很感激黃永強的款待，以及馬來亞人的純樸與熱情。

登上大螢幕

曾經在上海當紅的時期，就有片商打姚莉的主意，邀她拍戲；可是姚莉只對音樂感興趣。為此她推掉不少片約，除了曾經在「天涯歌女」客串一角，就再也沒登上大螢幕。

一九五九年，姚敏投資拍了「歌迷小姐」，一部擁有十四首插曲的電影。姚敏親自邀請妹妹為電影客串一角；由於是哥哥的關係，姚莉想也不想就答應了。

事後，她開始後悔了，因為她自認不會演戲。她想再找哥哥談談。

可是姚敏一見到妹妹的表情，就知道她心想什麼了。所以趁她還未開口之前，就先說了：「妹妹，哥哥已經幫妳想好了角色。妳不必擔心，哥哥知道妳不想演戲，妳就演自己，連名字都不改，就叫姚莉。沒什麼對白，在街上逛逛，上臺唱幾首歌就可以了。簡單吧？」

姚莉只好把話吞回去，乖乖的演戲去了。

姚敏第一次當老闆，就獲得圈內人大力的支持，在「歌迷小姐」出現的藝人都不計酬勞，全心全意的投入拍攝，可見姚敏的為人是何等受人愛戴和尊敬。他待人處事從來都是真心真意，所以也換來了大家對他的真心對待。

「歌迷小姐」上映之後，同樣受到影迷愛戴。大家都衝著兄妹倆和電影裡許多的大牌，如葉楓、陳厚、文蘭而來。電影的歌曲每首大受歡迎，票房很好，賺了不少錢。

但電影成功之後，姚敏並沒有乘勝追擊，再繼續投資電影。對他來說，拍電影並不是自己的專長，完全是玩票性質。一次的經驗已經足夠讓他體驗拍電影的辛苦，他決定專注做音樂和電影配樂，畢竟在音樂的國度裡，他才可以自由翱翔。

姚敏全家福

Chapter. 7

淡淡幽香

留戀

我想起月下
我想起花前
多少的往事
留在我心田
一半是辛酸
一半是甜蜜
一年又一年
常教我留戀
留戀留戀
月下花前
留戀留戀
教我永遠想念

（演唱：楊偉漢。原唱：姚莉，作詞：陳蝶衣，作曲：夏瑞齡）

https://youtu.be/rxl1xxiPcZo

淡出樂壇

一九六五年，百代唱片錄音室引進了多軌錄音器材，大大改變了唱片製作的形式。在此之前，歌手和樂手是同步進行錄音。一般而言，歌手會站在最靠近麥克風的位置，樂手會圍繞在歌手後方演奏。這是一種集體表演的錄音形式，歌手和樂手必須得要有默契和共同的感受，才可以把一首作品發揮到淋漓盡致。

姚莉從出道就是在這樣的錄音環境下成長，一般都會有十多位樂手和她一起錄音；巔峰時期還曾有多達三、四十位樂手的管弦樂團合奏。她在錄音前，都會把功課做好，無論歌詞和旋律都已經滾瓜爛熟；正式錄音的時候，大多只唱一次，製作人就滿意了，即使重來最多也不超過三次。她每一次錄音都會錄四首歌，上午兩首，下午兩首。樂手們為姚莉錄音都會特別開心，因為她很少犯錯重來，大家可以提早下班。

錄音科技不斷發展，做唱片的模式有了很大的改變。唱片公司再也不需要花更多的錢請樂手現場伴奏，他們可以將音樂預先錄製好，之後才請歌星到錄音室配唱。如此一來，確實可以省下不少製作費。但新的錄音模式，分開了歌星和樂手之間的交流，姚莉無法適應這種改變；

她走進新的錄音室，一個人戴著耳機站在麥克風前，感覺不到外面的聲音；連自己的歌聲都是從耳機裡傳來的。

在姚莉的前面再也沒有指揮家，她面對的是一片玻璃，身後是一道厚厚的門；連摯愛的哥哥都站在玻璃後面，透過麥克風和她說話。她既不習慣也很抗拒這樣的一種方式，要她在一個冷清清的封閉空間唱歌，她感到很孤單，感情無法投入。

那一次，姚莉好不容易才將歌曲錄完，她第一次感覺不到歌唱的樂趣。走出錄音室，她開始回顧自己奔波勞碌的一生。從十四歲開始在電臺唱歌，十六歲出唱片即走紅；二十五歲結婚，退出幕前表演；二十八歲離開上海到香港，一切從新開始。時間一晃，又是十五年過去了，自己已經四十三歲了。唱了三十年，四百多首好歌，或許是時候退下休息了，姚莉突然萌生了退休的念頭。隔天，她和哥哥說了自己的想法；姚敏最了解妹妹的心思，他倆一直在事業上互相扶持。他完全能體會妹妹的心情，對於妹妹要提早退休一事，他給了最大的支持。

「妹妹，妳也唱了三十年，也有點累了，是時候休息、休息。妳放心吧！妳這一生都在為家付出，哥哥心裡清楚。如今哥哥有能力了，妳就卸下這個包袱。妳的家就是哥哥的家，妳的孩子就是哥哥的孩子，有哥哥在，妳什麼都不必擔心。等到哪一天，妳想唱了，哥哥第一個支持妳。」有了姚敏的這番話，姚莉在錄完最後一首歌〈可以不可以〉之後，就正式退出樂壇，從此過著平淡的生活。

（上圖）EMI 香港錄音室。
（下圖）姚莉和姚敏在東京收音間，為李麗華在日本主演的電影配唱主題曲。

永別哥哥

一九六七年三月三十號，姚敏和姚莉受邀出席一個在香港金舫酒店舉行的宴會。宴會開始前，姚敏和朋友在麻將臺上玩了一會兒，感覺頭有點暈，不舒服；大夥兒認為他應該是工作得太累了，叫他到沙發上休息一會。當姚莉去叫醒他的時候，忽然發覺哥哥的嘴唇發紫，不省人事，呈昏迷狀態，她感覺不對勁，便使勁地搖晃哥哥的身體。可是任她怎麼用力，姚敏還是沒有反應。

現場開始一片混亂，有些人圍過來幫忙，有人趕緊打電話叫救護車。過了一會兒，救護車到了，姚莉緊緊跟隨著哥哥，一路直奔醫院。途中救護人員不停地做搶救，可是一切都太遲了，姚敏已經回天乏術。

到了醫院，姚敏被證實死於心臟病。

這一切太突然，剛剛不是還好好的嗎？怎麼說走就走了？姚莉根本無法接受，可是任她怎麼呼喚，哥哥始終還是閉著雙眼，永遠的離開了！

姚莉徹底崩潰了！她不願相信哥哥就這樣走了！

姚敏忽然逝世的噩訊，震驚了整個華人樂壇。一代音樂大師就這樣永別，樂壇一片愁雲密布。姚敏的告別式，靈堂不停播放著他的作品〈情人的眼淚〉，讓來憑弔的朋友們落淚漣漣，充滿不捨和惋惜。

姚莉幾次在靈堂前哭得暈了過去，出殯當天她已經虛脱得無力行走，靠著丈夫扶持下，才能送哥哥最後一程。哥哥是他一生中最愛的人，從小就形影不離。他有什麼心事都會告訴她，唯獨這次卻不告而別。

處理完姚敏後事，身邊的人好言相勸，不斷鼓勵她走出悲傷；放下過去，重新生活。他們愈來勸説，她愈發難過。

姚莉感覺自己掉進悲慟的黑洞之中，愈墜愈深。黑洞裡哥哥的身影無處不在，聽到的都是哥哥寫過的歌。她抗拒忘記他，她盡力保持對哥哥所有回憶。她將自己囚禁在黑洞裡，她的世界除了哥哥的聲音，再也沒有其他的聲音。

兩年過去了，憔悴的姚莉如同行屍走肉般的生活著。她變得沉默寡言，瘦得不成人形，任誰見了都會憐憫。

英國百代唱片公司的總裁布魯斯（Bruce）先生，為了此事特地從英國飛到香港來探望姚莉。他見到姚莉，發現她的狀況比自己想像中的還要糟糕，昔日神采飛揚的姚莉變成了另一個人。布魯斯想辦法幫姚莉一把，給了她一個建議：「姚莉，妳不僅要永遠記得妳的哥哥，更要記得他為了音樂奉獻一生的精神。他還有許多的工作需要妳來替他完成。回來吧！姚莉，回到百代唱片公司去完成你們兄妹倆的音樂使命。」

這一番話，是姚莉從未聽過的，在她心靈重重地敲了一下，瞬間把她從渾渾噩噩中喚醒。她突然看到眼前出現了一條生路，一條把她從無底黑洞裡拉回到光明的音樂大道，也只有在這條路上，她才可以永遠和哥哥同行。姚莉接受了布魯斯給他的建議，答應回到百代唱片公司任監製。她終於回到了有聲音，有音樂，有希望的世界。

兩年來，姚莉每一天都會到姚敏的墳前探望他，和他說說話。今天她發現姚敏墳前的陽光特別的溫和。

「哥，這兩年來，我一直認為您已經離開我，永遠離開了我。今天我終於明白了，您一直都住在我生命裡，從不曾離開過。我們倆的過去，成長的回憶，歌聲、音樂、一切的一切，只要我依然活著，您就一直陪伴著我。

「哥，我不再感到害怕，也不會再逃避。我想通了，您那些還未完成的理想和工作，就讓妹妹我來替您完成吧！哥，您在天之靈，一定會保佑妹妹。」

迎向充沛陽光，姚莉終於笑了。

復出

姚莉收拾心情，開始了朝九晚五的規律生活。

第一天上班，她戰戰兢兢的到百代唱片公司報到。對於自己的工作範圍她一無所知，所以難免會緊張。一進百代公司大門，就有許多舊同事前來歡迎她。大家都知道今天姚莉會正式上班，一切配備都為她準備妥當。他們把她帶到她的私人辦公室。

這間房間面積不大，裡頭被收拾得乾乾淨淨，辦公桌上的文具都擺得整整齊齊。在牆邊擺著一架鋼琴和一架唱機，從窗口望出去就是維多利亞海港的碼頭，美麗的海景盡入眼簾。同事輕輕地將門關上，留下了她一人在辦公室。姚莉走到了辦公桌前，往椅子上一坐，四處的打量著，一時半晌都說不出話。她心裡想：

「這一切都是真的嗎？我怎麼也會有屬於自己的辦公室？真是何德何能啊？」

姚莉一生都在風雨中漂泊，只讀過兩年的書，小學都沒有畢業。如今在一間國際唱片公司當監製，這一切似夢似真，人生的際遇真的太不可思議。她把這一切都看成是來自上帝的眷顧，既然已經決定要幹一番事業，就一定要好好做。在這裡把她一生所領悟，所學的東西與他人分享。通過自己在樂壇累積的經驗來協助別人，或許真的可以讓新人少走點冤枉路。

稍後片刻，百代公司的經理，英國人夏志高先生，走進了她的辦公室。在姚莉還未來之前，布魯斯先生已經交代他，一定要在工作上協助姚莉，所以他對姚莉非常友好。他要姚莉放心的做事，遇到任何困難和問題都會替她解決。

一九六九年，姚莉復出幕後，成為唱片監製，繼續為樂壇作貢獻。姚莉的工作主要是安排旗下的歌星出唱片，為他們的唱片做企劃。從選歌到編曲的環節都必須參與。除外，她還要去發掘一些有潛力的新人，為公司添新血。由於姚莉已經是一位歌藝非常出色的前輩，所以夏志高先生也希望她可以協助其他歌手，給他們指導。這工作本來不屬於監製的範圍，但是向來樂於助人的姚莉還是答應了。

公司還派了一位得力助手劉小姐（Josephine）給他，劉小姐是前任經理汪小姐的私人秘書，她非常能幹，人也很好，對百代唱片公司業務非常清楚了解。在她的協助下，姚莉的工作做得異常的順利，兩人成為了好搭檔。

當時的百代唱片面對最大的問題就是嚴重缺乏作曲家，尤其在姚敏逝世之後，樂壇出現了青黃不接的現象。百代旗下的歌星藝人數量很多，每一個月都有好幾張片子要發行，歌曲的需求量非常大，製作部的人無不為此事煩憂。最後在大家開會討論之後，決定讓旗下的歌星重唱一些上海時代曲和上海音樂人早期南來香港的創作。與此同時，也努力收集新曲子讓旗下歌星灌唱。

姚莉是百代唱片公司的元老歌星之一，她的資歷最深，對這些時代的歌曲非常熟悉，這份差事對她來說並不困難，雖然如此，在她心裡清楚知道，唱片需要隨著時代的步伐前進，所以必須在最短的時間內培養出更多新派的作曲家，這才是解決問題的根本。

值得安慰的是，和她合作的樂手，全都是姚敏御用的班底。他們全都是菲律賓人，而且水準都很高。這些樂手和她的交情很好，在一起合作了很長的一段時間，所以默契和交情都不在話下。對於姚莉任職唱片監制一事，他們一群人都感到非常開心。他們告訴她：

「姚敏先生離開了以後，對他非常懷念。現在想不到他會派妹妹來和我們敍舊。」

有了這個鑽石班底的協助，姚莉安心了。至少製作唱片是絕對不會有問題，這個時候，她才真正領悟到當時布魯斯對她說過的一番話：

「只要妳踏入錄音間，妳就會感覺到和哥哥在一起……」

是的，哥哥的人雖然不在了，但是他的班底、他的音樂仍然陪伴著自己。這一條路上，她再也不會感到寂寞無助。

推動樂壇

姚莉在百代唱片公司擔任監製一職，並不是一件偶然的事。布魯斯的眼光獨到，他並不是因為同情才請她當監製。布魯斯完全理解姚莉的才華和能力，相信她可以解決姚敏逝世後留下的種種困難；尤其是人才斷層的困境。

以前，姚敏除了是一位作曲家，也是唱片製作人。他逝世已經兩年，可是依舊沒有什麼人可以接手他的工作。兩年來，香港樂壇更沒有出現過和姚敏同級別的創作人才，就算到了今天也還是一樣。對於百代唱片公司來說，目前唯一可以接手姚敏工作的人，就只有姚莉一人。

姚敏在世的時候，姚莉平時就算沒有工作，還是會到百代去找哥哥。有時候她會陪著哥哥在錄音室工作，和錄音師、樂手們打成一片。姚敏偶爾也會徵求她的一些意見，有時候見妹妹在場，還會叫她幫忙示範先唱一遍，讓正在錄音的歌手跟著哼唱。這些昔日看起來很瑣碎的事，今天都變得特別重要。

過去種種就像是培訓，姚敏教會她如何做唱片，還有掌握整個工作流程和步驟。兄妹倆在一起做音樂超過了三十個年頭，眼下還有誰比她更適合，更有資格呢？

然而，娛樂圈充滿競爭，不管你多有才華，多有能力，都還是會有對你不服氣的人。姚莉在百代當監製時，也遇到過了一些特意為難她的人，她也沒放在心上，寧願相信那是對方要求嚴苛，他們是為了工作，並非針對自己。

她對待歌手的態度就是：如果你願意學，她就會毫無保留的教導；如果你不想學，她也不會勉強。但這並不代表她沒有要求，身為監製，她必須確保公司出版的唱片有一定水準，這樣才會對得起廣大的消費者。由於她從不去回應閒言閒語，只專注做好自己的工作。久而久之這些聲音因為發揮不到作用，逐漸消失了。

在眾多的同行當中，最讓姚莉欽佩的就是張露。

張露和姚莉一樣來自上海，私下稱呼她為「老朋友」。張露出道較晚，是她的後輩。姚莉退休的時候，張露還很活躍，名氣很響，很紅，但是為人極謙卑。姚莉是她昔日的偶像，在錄音間她還會向姚莉討教，一點都不會持紅生驕。對於這位「老朋友」，姚莉更是無所保留傾囊相授。

另一位讓姚莉掏心的歌星是陳芬蘭。

姚莉是她的偶像，她更是姚莉後來唯一公開承認的學生。陳芬蘭是來自臺灣的一位年輕女歌手，她和新加坡的百代公司簽下唱片合約，到香港發展前，已經在新馬和臺灣發行過幾張唱片。因為知道姚莉在香港百代唱片公司任監製，就一直想要找機會到香港。後來機會來了，她在新加坡遇到了布魯斯在百代公司開會，她抓緊機會向布魯斯表達自己的心願，在布魯斯的安排下，她終於獲得機會前往香港錄製唱片。

第一次和自己的偶像見面，陳芬蘭顯得分外緊張。姚莉對這一位羞澀又有禮貌的女生留下很好的印象。姚莉覺得陳芬蘭為人乖巧，態度又好，決定給她機會留在香港做唱片。在姚莉耐心的調教下，陳芬蘭歌藝進步神速，把略帶閩南腔的華語，磨得字正腔圓；唱歌的感情也愈來愈投入。陳芬蘭的用功和認真讓姚莉感到很安慰。

而姚莉的為人也讓陳芬蘭非常敬佩，她把姚莉當作自己學習的對象，不止一次向她表達自己要學想老師一樣，不管是在歌藝上還是待人處事上，都要以老師為藍本。陳芬蘭不止在歌藝上學習姚莉，更學她在二十五歲的時候出嫁。結婚之後就退出樂壇，隨日籍丈夫移居日本。雖有不捨，但是姚莉還是給予這位得意門生獻上她最美好的祝福。

姚莉與陳芬蘭

（上圖左起）？、崔萍、鄧白英、？、張露、童真、姚莉、逸敏、李晶潔
（下圖左起）？、小露、姚莉、張露、汪淑衛、逸敏、方靜音、？
〔編註：因年代久遠，有些人名姚莉已無法確切記起，以「？」代之〕

謝幕

綻放

一首歌，一段回憶
往事又回到這裡
過去的，終究已失去
留下殘片的記憶
感謝你一路上為我唱的歌曲
給我的人生際遇添上絲絲美意
歌聲再度喚回一幕幕的往事
曾經的感動在歌聲中又相逢
你就像一朵玫瑰
永恆的綻放愛的光輝
你用生命唱出了永恆的歌

（演唱、作詞、作曲：楊偉漢，「漢製作」提供）

https://youtu.be/lRR1hGgIHJc

永遠綻放的玫瑰

七十年代，臺灣崛起了一批非常優秀的創作人，如劉家昌、左宏元等等。百代唱片也很想把他們羅致門下，當時的經理要姚莉陪他到臺灣走訪一趟，和這些創作人洽談合作的可能性。他們在臺灣四處拜訪這些當紅的創作人，但是後來都沒有把合約談成，原因是大家都覺得百代唱片是一家規模龐大的機構，而且又是一間外國的公司，所以在價錢方面都不願妥協。他們帶著失望的心情，回到了香港。

七十年代中葉，香港也開始崛起了一批創作廣東歌曲音樂人，當中包括許冠傑、顧嘉輝、黃霑等等，姚莉在這個時候隱約覺得香港樂壇即將進入改朝換代。

姚莉來到香港，日子一晃就是二十多年，這些年來，她把畢生所學都毫無保留地奉獻給這美麗的東方之珠，也看到它的樂壇漸成氣候，這顆明珠已經發出燦爛的光芒了。

姚莉覺得自己為這個歌壇付出了許多心血，留下不少膾炙人口的歌曲，她自問這一生已問心無愧，對得起上帝，也對得起歌迷。

音樂人生四十年，參與了，也見證了中文樂壇的發展，看著時代曲經過了大時代的動蕩，又在自己的努力下，散發出永恒的光輝。自己的任務也算圓滿，是時候退休了。

一九七八年，姚莉向百代唱片公司正式辭職，從此退出樂壇。

姚莉雖然退出了樂壇，但是她的歌曲沒有就此走入歷史。

現在在世界任何一個地方，我們依然會聽到姚莉的歌聲。

姚莉的歌聲就像是一朵永遠綻放的玫瑰，永遠向人們傳達著愛的訊息，散發淡淡幽香。

曲聖姚敏

回首〈鉛華錄〉已經是十多年前的事了。我因彭學彬和南方唱片的邀約，製作了〈鉛華錄1〉進而結識了身在香港的姚莉姐，是我人生中最寶貴的一次邂逅。〈鉛華錄1〉所表揚的第一位音樂大師就是姚莉姐的胞兄姚敏先生。姚敏的佳作多不勝數（估計有三千多首）。經過幾個時代洗禮，依舊傳唱至今的作品更不計其數，相信很難有人可以出其左右。

流行樂本屬幾個時代的潮流，但一經歲月洗滌就會成為某個時代的回憶。城市的面貌星移物換，唯有留在腦海的旋律如陳年老酒，愈久愈香醇。一首好歌可以喚醒回憶，觸動心靈。這就是音樂的魅力。

姚敏的作品陪伴我成長，雖然我出生的時候（一九七一），他已經過逝多年（一九六七），這就是緣分的其妙。他肯定不曉得哪個愛唱歌的小孩長大後，會因為他的緣故，因而成為其胞妹姚莉的愛徒。

是音樂築起橋樑，把大家緊緊連再一起。如果不是姚敏牽緣，我何來這等福報，可以和一代歌后姚莉成為師徒。

也因為姚敏的因緣，我和姚莉姐一見如故，成為莫逆之交。姚莉姐待我如親人一般看待，無時無刻都在教導我，使我在歌藝和做人的道理上更進一步。

十年前，我對姚敏的認識只有從他的作品中窺究，十年後，我再回顧他的一生，我對他更生敬佩，因為他擁有從藝中最高尚的情操：真善美。他的為人和他的作品一樣，那麼令人感動。深信若要理解他的音樂才華，必須了解他的生活和品德。所謂藝術應以人傳，不應人以藝術傳。因此，藉著〈鉛華錄2〉貼近他，再一次向他致敬。

姚敏為人低調，他的事蹟多半不為人知，我們都只是從他的作品中去認識他，至於他是怎麼樣的一個人？為什麼感情那麼豐富？創作靈感泉源不斷？我們一無所知。

十年來，我是一點一滴從姚莉姐和許多前輩身上得知。當我再一次製作〈鉛華錄〉的時候，姚敏的為人和情感部分，自然而然成為我深入探討的方向。

姚敏本名「振民」，一九一七年出生富貴之家，奈何年幼時，因繼承家業的父親豪賭而家道中落。母親並非一位稱職的媽媽，選擇在風口浪尖時刻，逃避現實，把孩子們留給婆婆，自個兒跑了。身為長子的振民唯有輟學出外打工養家，先是在一家雜貨店做學徒，後因老闆在白糖裡摻雜麵粉欺瞞顧客，剝取利益，性格忠厚正直的振民一氣之下，就把工作辭掉。

環境所逼，當時年僅十四歲的他，毅然選擇了風險極大的航海生涯。那個時候在外國人的郵輪上做苦力的中國人，所受非人的對待。若在航海期間不慎病倒，或染惡疾，那麼就會被活生生地拋到海裡自生自滅，所以振民簽下的三年合約是一紙生死未卜的航程。

所幸三年後，振民平安歸來。對於他的這一段海上生涯極少和人談起，但是後來他的作品中有許多和大海主題有關；例如，〈航行向家鄉〉、〈海上良宵〉、〈南海之晨〉等等。航海讓振民打開視野，接觸不同的文化，可以說影響了他日後創作出多樣化和國際化作品的一次啟動。

振民航海歸來之時，其胞妹秀雲已經在電台唱歌，而且即將發唱片，要改名成為「姚莉」。後來姚莉一鳴驚人，唱片大賣，成了上海家喻戶曉的大歌星。所疼愛的妹妹獲得如此成就，讓他欣喜若狂。

然而妹妹心裡曉得哥哥極富音樂天分，因為不知從何開始，哥哥無師自通已經會玩好幾種樂器，而且也擁有一副好歌喉。於是待時機成熟，她把哥哥帶進樂壇。先從電台著唱開始，然後進入百代唱片成為合約歌星，從此改名為「姚敏」。

當時樂壇上缺乏男歌星，姚敏成為與上海女歌星合唱最多的歌手之一，也是當時最紅的男歌星。從事幕前的工作雖然風光，但是社會地位不高，許多人還是把女歌星看成歌女，更別提及男人唱歌。姚敏個性害臊，為人靦腆，不習慣當名人，他一心想要從事幕後的工作，成為作曲家。

姚敏在百代結識了大作曲家陳歌辛、黎錦光、嚴折西等人，這些人都是他的良師益友，尤其是陳歌辛。姚敏沒有受過正規的音樂訓練，所以開始寫歌的時候不懂得如何編曲，陳歌辛成了他的老師。姚敏雖然具備音樂天分，但是他的成功並非偶然，而是他努力不懈，認真學習的成果。他學習鋼琴的過程可以證明這一點。他是從一個手指按黑白鍵自學開始，由一個音符到一個音階漸漸進而形。他一有時間就往百代唱片的鋼琴室鑽，最後竟然在短短的幾個星期內，就可以十指彈奏了。這個天分連大師級的陳歌辛也對他另眼相看。陳歌辛的心量很大，他毫無條件的指導姚敏作曲心得；姚敏是一位虛心向學的好學生，總是牢牢記住所教知事。

每當陳歌辛在指揮的時候，姚敏也會在一旁學習。日久見功，姚敏開始作曲了。難得在他早期眾多的作品當中，有一些歌詞還是陳歌辛為他填的，這樣的合作模式不多見，由其是作曲家陳歌辛幫人填詞。

兩人合作的歌曲裡，有一首家喻戶曉的〈恨不相逢未嫁時〉是特別為李香蘭所寫。或許是巧合，歌詞的內容透露了三人之間微妙的關係。這首歌是由姚敏作曲，陳歌辛填詞。先說陳歌辛，認識李香蘭的時候，他已經成家，所以歌詞的內容似乎在描述他們的心聲——相逢恨晚。李香蘭惜才，後來在五〇年代，她到香港重錄了這一首歌。當時姚敏已經是大師級的作曲家了，他倆雖有意，但是奈何各自早有家庭。這一首歌再度唱出兩人感情間的無奈。

姚敏是個用情專一的人，婚後就再也沒有別的女人。可是在迎娶葉紅之前，姚敏經歷了一段刻骨銘心的初戀。當時還在上海唱歌了時候，他結識了一位長得非常漂亮的女歌手，他們非常恩愛，姚敏有意娶她為妻，無奈當時他只是個窮小子，所以受到對方父母的大力反對。後來，為了拆散這對戀人，女方的父母做主把女兒嫁給有錢公子。女孩反抗，由此被軟禁起來。眼看自己無法改變厄運，她採取了極端手法，了結自己的生命。出事當天，姚敏正在工作，接到電話傳來的噩耗，他悲痛過度而當場暈倒。

這是個沉重的打擊，姚敏的情感受了極大傷害。他一度不願婚娶，可是由於他是姚家單傳的命脈，傳宗接代的重任落在了他的身上。所以後來他的母親做主向葉家提親，迎娶了葉紅。縱然如此，這一道戀痕深深地刻在他的內心深處。

這一次，我經過姚莉姊的同意，在這張唱片裡，把姚敏的這一道傷痕，用他的作品作了一次詮釋。如此一來，我們更可以理解姚敏作品中透露出的絲絲哀怨。

姚敏是一位好丈夫、好父親，更是一位孝子。他和妹妹姚莉不計前嫌，一起供養曾經拋棄過他們的母親。姚莉更是把畢生所賺到的錢交給母親，讓她過上舒適富裕的生活，只因他們摯愛的奶奶在世前的一句話：「懷胎十月的恩德，畢生難以回報，一定要以恩報怨。母親終究是母親。」兄妹倆就這樣盡了仁孝之義。

兄妹倆對金錢毫無貪念，只知道認真工作。他們無論有多紅，從來都不會就地起價。就算他們叱咤樂壇數十載，他們的身價從來未曾漲過。在香港，姚敏的作曲費永遠是三百元一首；姚莉的唱酬也是一樣。放在今天的社會，我們會怎麼想？姚莉姐曾淡淡地說過：「我們受了他人提拔的恩惠，所以不能忘本。」

是的，這就是道義。他們對任何人都是如此，姚敏把賺來的錢都交給妻子掌管，自己身上很少帶錢。他喜好杯中物，工作壓力大，藉喝酒解壓，他喝酒不需付錢，酒館東主月底會向嫂子收錢。雖然他好酒，但有個原則，凡製作期限將至，他絕對不會碰酒。他是個責任心極重的人，絕對不容許自己的工作擔誤他人，所以忌酒。每當他幾個星期不喝酒，大家就知道怎麼回事。他不喜歡喧鬧，除了應酬一些朋友喝酒之外，多數自己一人喝悶酒。他的好搭檔陳蝶衣從不喝酒，但是偶爾也會陪陪他，蝶老喝柳橙汁，姚敏喝紅酒。

姚莉有個表妹董如玉，酒量好，也是姚敏喝酒時會想到的夥伴。她上班的地點靠近 August Wood Hotel。姚敏為了避開干擾專心寫歌，經常會入住該酒店。所以只要他一通電話，她隨即趕到。據她的回憶，姚敏最喜歡和她分享自己的前塵往事，說到興起時，就會指著雙腳說：「妳知道嗎？哥哥這雙腳曾經踏過美國的土地……」說的就是他十四歲航海的那一段經歷。

他平時沉默寡言，扮演聆聽者，但是一旦黃湯下肚，就會開始說英語，頓生風趣：「Good……Nice……Have a drink.」這個時候的他最活潑可愛。

他一旦遇到苦力或拉車敷，都會請他們喝酒，甚至給他們發一天工資，讓他們暫時放下勞役，圖一天安逸。他手上的錶經常都會不見，不是被偷，而是送給他人。因為他身上不帶錢，所以遇到窮苦人家需要救濟的時候，就會把錶送給他們，因為錶當了可以換點現金。

兄妹倆樂善好施就是因為小時候捱過窮日子，受人白眼。但這些磨難並沒有使他們心生怨恨，相反，對窮困人家多了一份救濟情懷。等到自己功成利就了，就經常私下援助他們。姚莉就有好幾次親力親為替那些孤苦伶仃的亡者打理身後事。雖非親非故但還是希望亡者可以入土為安。

姚敏的工作時間並不跟著規律的錶針行走，他無時無刻都在為作曲尋找靈感，他的人生是用旋律串成的，他的創作源自於生活，所以深受百姓喜愛。

據他的搭檔「詞聖」陳蝶衣回憶，姚敏的作曲速度非常快，靈感泉源不斷，任何時候、任何地點都會突發奇想，隨手拈來就寫。他們有時候喝茶聊天一個下午，就會寫出幾首歌曲來。當然他們也會有精雕細琢的作品。

姚敏滿腦子都是音樂，在家裡他一件白背心加短褲，可以在鋼琴前寫歌寫上一整天，連飯也不吃。當孩子們嘻鬧時，他就會說：「不要吵、不要吵，爸爸在工作。」從不大聲責罵。

在錄音間，他認真和專注，雖謹慎卻不失親切，和他合作過的人都沒見過他發脾氣。遇到緊張和表現不理想的歌手，他極度耐心施教，從不責罵半句，就像大哥哥一般親切。每一位歌星在錄音前，姚敏都會和他們練歌，指導他們。除了姚莉，是一個例外，姚敏覺得妹妹最理解他，而且唱功沒的挑剔，所以讓她自由發揮。

姚敏對生活起居不拘小節，但是對音樂卻細緻到極點。錄音的時候，他會閉上眼睛，如果全程沒把眼睛睜開就表示過關；相反，如果他突然睜眼就表示哪裡出了錯，會馬上喊停重錄。

有一次，姚莉錄製哥哥為她寫的〈想你想你〉，唱完的時候忍不住抱著哥哥哭，「哥哥，您為何要寫這樣一首歌？」、

「是不是太辛苦了？妳唱得很累？」

「不，是歌曲太動人了。」

姚敏知道妹妹是他的音樂知音，可以把他作品所要表達的內容唱出來，所以寫了很多歌給姚莉唱。他幾次向人透露：「姚莉如果不是我妹妹，我一樣寫歌給她唱。」姚敏無私，一樣會把好作品交給其他歌星演唱。他懂得尊重別人，別人也懂得尊重他，所以只要是姚敏的作品，大家都會用心演唱，我們因此才會有耳福。

姚敏是一個好學不倦的音樂家，就算成就已經如日中天，他仍然放下身段，向來自日本的音樂大師服部良一拜師學藝。每一個階段，姚敏的作品都帶給我們驚喜不斷，曲風變化多端，神韻拿捏準確，所以很多作品稍不留意，還以為是他國的譯曲。

身為作曲、編曲、製作人和監製，姚敏對他的工作團隊非常照顧，任何人需要幫忙，他都義不容辭，所以就算他過世多年，大家仍對他念念不忘。後來姚莉在一九六九年擔任百代唱片的監製，她的音樂班底全是姚敏的舊拍檔。有他們全力協助，姚莉克服了工作上的許多困難。

香港歌舞片的盛行可以說是由「桃花江」一片開始，一九五六年，新華公司出品，姚敏作曲，陳蝶衣編劇兼作詞，姚莉主唱，鍾情主演的「桃花江」，席捲整個亞洲市場。可是當年要在邵市主導的電影市場下突圍，難如登天。當時的新華電影公司經濟陷入困境，老闆張善坤和童月娟夫婦認識姚敏多年，於是請他幫忙為電影配樂。姚敏義不容辭，不但不開價，還說服妹妹為電影幕後主唱。後來電影獲得空前反應，姚敏、姚莉和陳蝶衣從此成為樂壇鐵三角。雖然電影大賣，過後三人也只是象徵似的收一點酬勞，他們說那是為了幫朋友。

兄妹倆經常不收錢就幫人作電影配樂，遇到電影不賣，他們就等於白做；但即便如此，她們還是一如往昔，有求必應，也從不向人討債。

姚莉回憶：「那時候我們在百代做唱片賺到的錢已經夠用了，所以很知足。至於別人欠我們的，就等他有能力的時候再給吧。」

再問她的時候，她已經完全不記得還有誰拖欠他們酬勞。鐵三角的合作屢創佳績，幾乎壟斷整個市場。姚敏在供不應求的市場中不停的寫歌，不分晝夜，埋首作曲。

一九六四年，因為錄音技術邁向多軌發展，從此不再同步錄音，這一改變讓灌了三十五年唱片的姚莉無從適應，於是向姚敏透露自己萌生退意。姚敏一像了解妹妹，所以支持她的決定。是年，姚莉唱完最後一張唱片「可不可以」之後，正式退出樂壇。

三年後，一九六七年三月三十號，姚敏因心臟病發而猝死。這突如其來的噩耗震驚了整個樂壇。陳蝶衣更因此封筆不寫。從此樂壇鐵三角的傳奇走進了歷史，存活在人們的記憶裡。

如今再回看這一段往事，可以說姚敏是因勞碌而死。畢竟他除了工作量太大，他人的期待更是一道無形的壓力。長期勞錄再加上壓力，才是心臟病發的真正元兇。

陳蝶衣封筆，不是純粹失去一位好搭檔，而是不忍一個天才的殞落，一個時代音樂的結束；失去一個有血有肉的好人，一個掏心掏肺的知己。

幾年前，當有人問起年屆九十九歲的陳蝶衣，如何評價姚敏？他用了一句：「作曲聖手。」概括了姚敏一生的音樂成就。

姚敏雖已不在，但是他的作品永遠留傳下來。

（本文摘自於二〇一三年【鉛華錄2，姚敏作品集】，楊偉漢製作、演唱，「漢製作」發行）

姚莉之歌
精選流行歌曲
第一面
(一)雪人不見了
(二)馬兒的答跑
(三)森林之歌
(四)一家八口一張床
(五)青春年華
第二面
(一)大江東去
(二)今夜太神秘
(三)舞伴淚影
(四)狂舞
(五)白雪

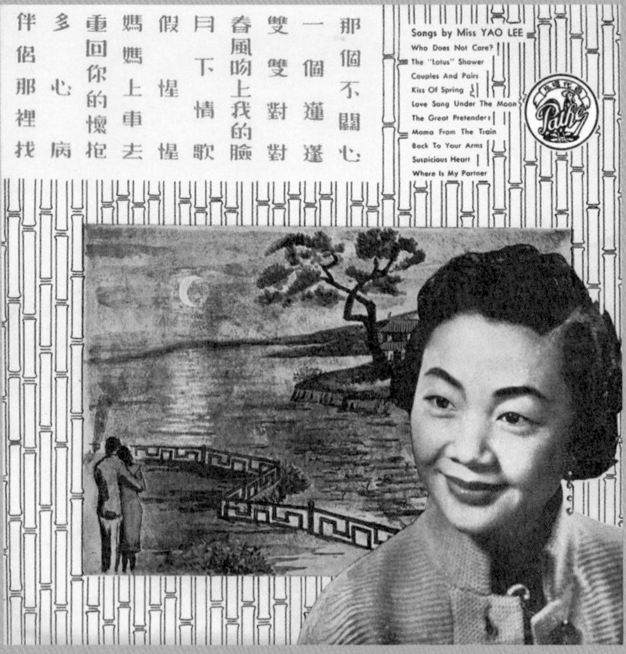
那個不關心
一個蓮蓬
雙雙對對
春風吻上我的臉
月下情歌
假惺惺
媽媽上車去
重回你的懷抱
多心病
伴侶那裡找
Songs by Miss YAO LEE
Who Does Not Care?
The "Lotus" Shower
Couples And Pairs
Kiss Of Spring
Love Song Under The Moon
The Great Pretenders
Mama From The Train
Back To Your Arms
Suspicious Heart
Where Is My Partner

姚莉之歌
人面桃花
瓜棚小唱
歸途
葡萄仙子
月桃花
初戀
青春偶像
天涯追踪
卡力蘇
沙灘上的情書
Songs by Yao Lee
A Pretty Face
A Song By The Melon Farm
The Journey Home
Fairy Of The Vineyard
Peach Blossom Moon
Young Love
Bernadine
Around The World
Calypso
Love Letters in The Sand
百代公司
Pathé

姚莉之歌
SONGS BY YAO LEE
百代公司
Pathé
日落西山
Sun set
踏車送花
Delivering Flowers
夜會
Come Back Tonight
鷄尾恰恰
Cocktail Cha Cha
你不知道我
You Don't Know Me
珍珠自嘆
Pearl's Sorrow
接風酒
Wine For Two
我要告訴你
I Want To Tell You
百花歌
Flowers Bloom
神聖的愛情
Sacred Love

百代唱片
Pathé
姚莉之歌
Songs by Yao Lee

喇叭傳情
(姚莉)

喇叭傳情
百代唱片
Pathé

吹風笛
百代唱片
Pathé

琵琶記
百代唱片
Pathé

姚莉
Pathé

踏車尋春
百代唱片
Pathé

秋的懷念
百代唱片
Pathé

CPA 163
姚莉
南海之晨

Hi-Fi STEREO
EMI
S-CPA 177
May I ?
可以不可以
姚莉
YAO LEE

Little Sparrow
Picnic
Parting Song
Life Is A Stage
Walking Hand In Hand
We Met Too Late
Goldfish Bowl
The Places We've Visited
Enchanted Love
Mischief
We Will Make Love
Only You
小雲雀
野餐
送郎曲
人生就是戲
攜手同行
恨不相逢未嫁時
金魚缸
我倆的遊踪
迷戀
淘氣
做一對夫妻
只有你

總算你有福氣
雞尾恰恰
歡天喜地
歌迷小姐
永遠守着他
神聖的愛情
雙雙對對
跳一个恰恰
恰 恰 恰
你懂不懂
卡 力 蘇
姚莉

漁光曲
姚莉
CPAX 314
Pathe

"HIS MASTER'S VOICE"
VICTOR
勝利唱片
42134 A
歌舞曲
姚莉
村姑之愛

VE
VICTOR
勝利唱片
原音
唱片
42223-A
流行曲
姚莉
莫徬徨
陳昌壽作
VICTOR TALKING MACHINE CO. OF CHINA
SHANGHAI
VE

VE
"HIS MASTER'S VOICE"
VICTOR
勝利唱片
原音
唱片
42223-B
流行曲
姚莉
春花吟
陳昌壽詞·姚敏曲
VICTOR TALKING MACHINE CO. OF CHINA
SHANGHAI
VE

9:10
的士
TAXI
10:00
9:30
19:00
21:20
19:30
21:30

A SUNDAY
WITH YaoLee
7:00
9:00
10:10
11:00
12:00
17:00
花園餐廳
牛扒之家

國家圖書館出版品預行編目資料

姚莉：永遠綻放的玫瑰 / 楊偉漢　著.
-- 初版. -- 臺北市：商周出版：家庭傳媒城邦分公司
發行, 2015.12
　面；　公分. -- (映像紀實；28)
ISBN 978-986-272-927-4(軟精裝)

1.姚莉 2.歌星 3.傳記

782.887　　104024527

映像紀實 28

姚莉：永遠綻放的玫瑰

作　　者／楊偉漢
音樂提供／漢製作
照片、劇照提供／姚莉、漢製作
企畫選書／彭子宸
責任編輯／彭子宸

版　　權／翁靜如、林心紅、吳亭儀
行銷業務／黃崇華
總 編 輯／黃靖卉
總 經 理／彭之琬
發 行 人／何飛鵬
法律顧問／台英國際商務法律事務所羅明通律師
出　　版／商周出版
台北市104民生東路二段141號9樓
電話：(02) 25007008　傳真：(02)25007759
E-mail：bwp.service@cite.com.tw
發　　行／英屬蓋曼群島商家庭傳媒股份有限公司城邦分公司
台北市中山區民生東路二段141號2樓
書虫客服服務專線：02-25007718；25007719
服務時間：週一至週五上午09:30-12:00；下午13:30-17:00
24小時傳真專線：02-25001990；25001991
劃撥帳號：19863813；戶名：書虫股份有限公司
讀者服務信箱：service@readingclub.com.tw
城邦讀書花園 www.cite.com.tw
香港發行所／城邦（香港）出版集團
香港灣仔駱克道193號東超商業中心1樓_ E-mail : hkcite@biznetvigator.com
電話：(852) 25086231　傳真：(852) 25789337
馬新發行所／城邦（馬新）出版集團【Cite (M) Sdn Bhd】
41, Jalan Radin Anum, Bandar Baru Sri Petaling, 57000 Kuala Lumpur, Malaysia.
電話：(603) 90578822　傳真：(603) 90576622
經 銷 商／聯合發行股份有限公司
新北市231新店區寶橋路235巷6弄6號2樓
電話：(02) 2917-8022　傳真：(02)2911-0053

封面設計／張燕儀
內頁排版／林曉涵
印　　刷／韋懋印刷事業有限公司

■2015年12月10日初版　一刷　　Printed in Taiwan
定價320元

城邦讀書花園
www.cite.com.tw　　ISBN 978-986-272-927-4